LE CURÉ
CAPITAINE.

IMPRIMERIE DE SÉTIER,
Rue du Cimetière-Saint-André-des-Arts.

Th! Mille tonnerres! ne vois-tu pas que j'ai le feu au....?

LE CURÉ

CAPITAINE,

OU

LES FOLIES FRANÇAISES,

Par M. RABAN, Auteur de FARVILLE.

Rire est ma devise.

TOME PREMIER.

A PARIS,

Chez DAVI et LOCARD, Libraires, Quai
des Augustins, N°. 3.

1819.

LE CURÉ CAPITAINE,

OU

LES FOLIES FRANÇAISES.

CHAPITRE PREMIER.

Charles et Eugène, tous deux nés à Pontoise, et issus d'assez bons bourgeois de cette illustre cité, avaient commencé leurs études, en même tems, chez monsieur Bridon, l'un des maîtres de pension les mieux famés de la capitale. La conformité d'âge et de goûts, avait fait de ces deux écoliers deux amis inséparables. Chaque année, ils allaient ensemble passer le tems des vacances chez leurs parens, ce qui servit encore à resserrer les liens de l'amitié qui les unissait..... Mais, cher lecteur, je vous vois froncer le sourcil; vous prévoyez, sans doute, que je vais vous détailler, le plus longuement possible, les férules et pinsons qui furent administrés à mes écoliers; détrompez-vous donc, ces détails puérils ne sont pas plus de mon goût que du vôtre, et, pour trancher net, mes héros ont seize ans, et vont bientôt entrer dans le monde; dans ce monde adorable où l'on trouve le plaisir à chaque pas... « Dans ce monde corrompu, dira » quelque philosophe, où l'on ne » rencontre que vices et préjugés » révoltans... » Oh ! mais, je vous ai promis des aventures et non des dissertations, et sans plus de verbiage, j'entre en matière.

Un jeudi que monsieur Bridon avait, selon sa coutume, conduit ses élèves au bois de Boulogne,

Charles et Eugène, au lieu de partager les plaisirs bruyans de leurs camarades, s'enfoncèrent dans le bois, et se mirent à bâtir des chateaux en Espagne, pour le tems qu'ils devaient passer à Pontoise. L'amour n'était même pas étranger à la conversation.

« Te souviens-tu, disait Eugène à son ami, de mademoiselle Sophie Girod avec laquelle je dansai toute la soirée au bal que donna mon père l'an dernier ? — Sans doute, répondait Charles, je me rappelle même que je remarquai l'intimité dans laquelle vous paraissiez être. — Pense-tu qu'elle m'aimât déjà, reprenait Eugène ? — Oh ! mon ami, rien n'est plus certain, et si j'étais aussi sûr d'être aimé de ma cousine Elisa, je m'estimerais le plus heureux des mortels ! — Eh bien ! je t'avoue que je l'aime aussi beaucoup, cette jolie Sophie, mais il y a un inconvénient ! — Quel est-il ? — Je ne me sens pas le courage de lui en faire l'aveu. — D'où vient cela ? — Je ne sais, mais lorsque je suis près de Sophie, je ne puis que rougir et balbutier. — Veux-tu que je sois ton interprète ? — Oh ! mon ami ! que ne te devrai-je pas, si tu me rends un aussi grand service ? — La dette sera facile à acquiter. — Comment cela ? — Tu en feras autant pour moi, près d'Elisa. — J'y consens. » Et à chaque instant les amis répétaient : quelles vacances agréables nous passerons !

Tout en discourant de la sorte, ils avançaient toujours, et si la chute du jour ne les eût avertis qu'il était tems de rejoindre monsieur Bridon, il est difficile de prévoir où ils se seraient arrêtés. Cependant ils se retournèrent, dans l'intention de revenir sur leurs pas ; mais il leur fut impossible de reconnaître les divers sentiers qu'ils avaient suivis.

Après avoir marché plusieurs heures sans prévoir où cela pourrait les conduire, la nuit devint si obscure, qu'il leur fut impossible d'aller plus loin.

Asseyons-nous, dit alors Charles, car après tout, il vaut encore mieux coucher ici que de nous égarer davantage. — Sans doute ; mais que va penser monsieur Bridon ? — Ma foi ! qu'il pense tout ce qu'il voudra. Et sans un plus long entretien, Charles s'étendit sur l'herbe et se mit à ronfler, tandis qu'Eugène qui était beaucoup moins résigné à son sort, s'occupa à réfléchir sur sa mésaventure. « Il eût mieux fait d'imiter son ami, dira quelqu'un, car toutes les réflexions possibles ne le tireront pas de là. — Il avait raison de veiller, dira quelqu'autre, parce qu'il n'est pas prudent de dormir au milieu d'un bois » Et moi je dirai qu'ils avaient autant de de raison l'un que l'autre, parce qu'ils ignoraient ce qui devait arriver, et que je n'en sais pas beaucoup plus, bien que je sois chargé de vous l'apprendre.

Cependant, il est certain que l'homme dont les affections sont modérées, et sur le cœur duquel la peine ou le plaisir ne produisent que quelques légères impressions, est presque toujours heureux. Tel était Charles, sa situation l'avait d'abord inquiété ; mais, ayant réfléchi que se chagriner ne changerait rien à l'état des choses, il prit son parti, et il eût probablement attendu le jour si Eugène eût voulu l'imiter. De son côté, ce dernier n'eût certainement point passé toute la nuit en réflexions, car il commençait à trouver son camarade plus sage que lui, lorsque la lune se leva et vint diminuer l'obscurité qui couvrait une partie de notre globe. Aussitôt le desir de sortir du bois se ranima dans le cœur d'Eugène, il éveilla son compagnon, et les voilà de nouveau à parcourir la forêt. Celle-ci n'a pas cent lieux d'étendue, on en ferait le tour en six heures; aussi ne marchèrent-ils pas longtems sans arriver au bout.

« Où sommes-nous ? dit Charles, en entrant dans un village qui paraissait assez considérable. Ma foi, je n'en sais rien ; mais qu'importe ?

Il y a sans doute quelqu'auberge dans ce pays ?... J'ai six francs. — Et moi dix, interrompit Eugène en soupirant.—Cela fait seize francs ! oh ! l'excellent souper que nous allons faire ! — Souper ! que prétends-tu ! — Oh ! rien que de très-naturel : souper d'abord, parce que mon estomac le veut ainsi, et m'étendre ensuite dans le meilleur lit de l'auberge, attendu qu'il serait absurde de coucher à la belle étoile, lorsque l'on a seize francs dans sa poche. — Tu ne penses-donc pas à monsieur Bridon ? — Loin de l'oublier, mon ami, je me propose de boire à sa santé. — Et demain nous irons de compagnie à la salle de discipline..... — En serons-nous exempts en passant la nuit dans un fossé ? »

L'argument était irrésistible, Eugène du moins le trouva tel et se rendit.

Après avoir fait encore quelques pas, ils entendirent plusieurs éclats de rire qui partaient d'une maison dont ils n'étaient pas éloignés. L'intérieur paraissait bien éclairé pour une maison de campagne. « C'est sans doute une auberge, dit encore l'intrépide Charles, entrons. » Et les voilà à table en un clin d'œil.

« Qu'avez-vous pour souper? — — Messieurs, une matelotte excellente. — Une matelotte! bravo! Servez-en pour quatre! » Des gens qui mangent comme quatre sont toujours considérés dans une auberge, à moins qu'ils ne prennent place à table d'hôte. En un instant toute la cuisine fut en mouvement pour servir nos écoliers, qui eurent, par ce moyen, l'avantage de n'attendre qu'environ trois quarts-d'heure, ce qui n'est en vérité rien, si l'on étend la comparaison jusqu'à certains restaurateurs de Paris, chez lesquels on peut souvent, entre le rôt et l'entremêt, se meubler l'esprit des jérémiades, ou des sottises de la Quotidienne, des niaiseries du Journal des Débats, et des rapsodies de la Gazette de France.

Cependant Charles, afin de se donner de l'importance, jeta son écu de six francs sur la table. A ce son argentin, deux filles qui achevaient un litre, tournèrent la tête. « Ce sont des enfans de famille, se dirent-elles, tentons fortune. » Aussitôt, sous le prétexte d'y voir davantage, elles vinrent se placer à la table des nouveaux venus, qui de leur côté se félicitèrent de cette bonne fortune. Eugène, surtout, s'évertuait en propos galans, car son ami avait demandé une bouteille du meilleur, et comme celle-ci tirait à sa fin, la timidité du premier s'était évanouie.

Il y avait quelques minutes que la conversation était engagée entre les étourdis et les deux donzelles, lorsqu'un caporal de grenadiers qui buvait chopine du côté opposé, et qui n'avait cessé de lorgner les déesses, impatienté de ce qu'elles ne répondaient point à ses mines, vint, en fumant sa pipe, s'asseoir à la même table. « Sacrédié ! mes amis, s'écria-t-il, en lâchant quelques bordées de fumée, vous avez-là de charmantes convives ! — Et cela, camarade, ne vous autorise pas à nous faire avaler votre tabac. — Nom d'un cœur ! l'ami, la Grenade fume partout. — Partout où

Il n'y a que des hommes, rien de mieux ; mais ces dames..... — Il a parbleu raison ! cela n'est pas du tout galant, et sans plus de démêlé, il mit la pipe en poche, et but rasade à la santé des belles.

Cependant l'hôte vint avertir que minuit était sonné, et que passé cette heure, il ne pouvait tenir boutique ouverte. « Eh bien ! l'ami, il faut la fermer, répondit la Grenade, nous en serons plus tranquilles. — Mais vous ne pouvez passer la nuit chez moi. — La raison ? — Je n'ai que deux lits et vous êtes cinq. — Deux lits ? c'est assez : ces dames coucheront dans l'un, ces deux gaillards dans l'autre, et pour moi, comme il est maintenant trop tard pour rentrer au quartier, je passe la nuit sur une chaise, et je réponds du poste. »

La proposition ayant été acceptée à l'unanimité, on fit venir, pour sceller la convention, une dernière bouteille, au fond de laquelle, les jeunes amis laissèrent le peu de raison qu'ils avaient conservée. Après quoi l'on conduisit les convives dans un galetas où se trouvaient les deux lits dont il a été parlé, et qui avec deux chaises vermoulues et un mauvais fauteuil, composaient tout l'ameublement. En entrant, le caporal se blottit dans le fauteuil où les fumées du vin l'endormirent promptement, et comme je me sens assez disposé à l'imiter, je laisse ce qui se passa entre les quatre autres à la perspicacité du lecteur.

CHAPITRE II.

Je pourrais, tout comme un autre vous peindre mes espiègles se réveillant dans les bras des grâces ; mais, ma foi, ces comparaisons mythologiques sont trop usées, je vous dirai simplement, qu'aux cris de possédé que poussait la Grenade ils ouvrirent les yeux pour se voir côte à côte dans les lits de nos donzelles qui n'avaient rien de commun avec les compagnes de Vénus.

« Que diable ! signifie tout ce tapage ? demanda l'hôte, en entrant avec une lumière. — Eh ! mille tonnerres ! ne vois-tu pas que j'ai le feu au c.., répondit le caporal, en faisant les plus horribles grimaces.» En effet, la pipe qu'il avait mise dans sa poche, avait commencé par brûler le pan de l'habit, et le feu, s'étant communiqué au pantalon, menaçait de consumer *les sources de la vie ,* et de priver la famille *la Grenade* de quelque futur héritier de son nom.

« Au feu ! s'écria l'aubergiste; au feu ! répétaient les marmitons qui le suivaient; au feu ! s'écriaient déjà tous les voisins ; et personne ne secourait le pauvre caporal, qui impatient des criailleries de ces benêts, s'élance à la porte, renverse l'hôte d'un coup de poing, et court se plonger dans un baquet de la cuisine.

Cependant quelques habitans se rassemblent ; l'auberge est encombrée ; tout le monde parle et personne ne s'entend, c'est l'usage : demandez plutôt à messieurs de l'académie, qui raisonnent depuis deux cents ans, sur les participes, et qui ne s'entendent pas encore; demandez au clergé qui pialle, aux quatre coins de la France, et qui ne s'entend que sur un seul point, savoir: le rétablissement de ses privilèges; demandez aux législateurs, aux avocats, aux plaideurs, etc. etc., et si toutes ces autorités ne vous snffisent pas, apprenez que tant que la raison et la liberté n'auront pas terrassé l'orgueil, la superstition et le fanatisme, les pauvres humains ne s'entendront pas davantage; c'est presque dire qu'ils ne s'entendront jamais.

Enfin, lorsqu'on fut las de crier, on commença à s'apercevoir que l'incendie n'avait endommagé que le postérieur de la Grenade, et chacun se retira, de sorte que les deux déesses qui, pendant la confusion avaient visité le gousset de leurs camarades de lit, s'esquivèrent dans la foule, laissant ces derniers achever une nuit dont la fin ne devait pas être moins orageuse que le commencement.

Il était grand jour lorque les amis s'éveillèrent, et le sommeil, ayant dissipé les vapeurs de Bacchus, ils furent fort étonnés de se trouver seuls. Les aventures de la nuit ne se présentaient à leur mémoire que comme un songe pénible dont on cherche à se rappeler ; mais un événement auquel ils étaient loin de s'attendre, les remit promptement sur la voie, il s'agissait de payer, chacun mit la main à la poche.... ô surprise !.... il n'y avait pas une obole !....

Eugène pâlit, Charles devient furieux, accuse l'aubergiste de s'entendre avec les filles ; l'accable d'invectives, et finit par prendre le chemin de la porte. L'hôte s'oppose fortement à leur sortie : « Apprenez, leur dit-il, que je suis connu depuis vingt ans pour le premier restaurateur de Passy. — Cela, répondit Charles, n'empêche pas que vous ne soyez un fripon. — Un fripon !.. reprit l'hôte, moi, un fripon ! ah ! mes petits messieurs, je vous apprendrai à traiter de fripon un homme, jadis le digne élève de l'Illustre Bancelin... vous avez bu avec des filles, tant pis ; elles vous ont dévalisés, j'en suis fâché ; mais votre carte ne s'en monte pas moins à quinze francs, que vous me compterez sur le champ, si mieux n'aimez aller droit en prison. Ces paroles, loin de calmer l'étourdi, redoublèrent sa fureur au point, que saisissant vigoureusement le panégyriste, il l'envoya tomber sur la fenêtre de sa cuisine. Malheureusement le tumulte avait donné l'allarme au poste de la barrière, dont un détachement s'était rendu en toute hâte chez le traiteur. Celui-ci, poltron comme une dévote, craignant la suite de ce tintamarre, avait invité les militaires à se rafraîchir, et comme ces derniers avaient pris goût aux rafraichissemens, ils se trouvaient encore à table, lorsque le bruit des vîtres brisées les attira dans la cuisine. Le chef du détachement, charmé de pouvoir justifier son retard auprès de l'officier, fit un rapport très-détaillé de la conduite des deux jeunes amis, et les conduisit au corps-de-garde, d'où ils furent transférés à la force.

Il est très-probable que ce séjour

n'est pas du tout de leur goût ; cependant nous allons les y laisser prendre haleine afin de voir ce qui se passait chez M. Bridon.

Maître et élèves étaient sortis du bois sans s'apercevoir de l'absence des amoureux ; mais lorsque la cloche du souper eut sonné, et que chacun eut pris place au réfectoire, les deux sièges vacans attirèrent l'attention. On s'informe ; personne ne sait ce que sont devenus les absens. — « Les coquins ! s'écria monsieur Bridon en frappant du pied précisément sur la queue du carlin chéri de madame. L'animal, que sa maîtresse n'avait pas accoutumé à ces sortes de caresses, saisit le molet du brutal, et celui-ci poussa un cri auquel les malins convives répondirent par un éclat de rire universel. Le pauvre homme voulut tancer les bambins, et le rire redoubla, ce qui mit le blessé dans une si grande fureur qu'il tomba en syncope.

« Ne craignez rien, dit alors madame Bridon à ceux qui parurent effrayés, mon mari est *sujet aux faiblesses.*

— Parbleu ! ma mie, répondit celui-ci quand la parole lui revint, je n'ai plus vingt-cinq ans. — Hélas ! je le sais bien, reprit-elle, en jetant un regard languissant sur un jeune professeur de mathémathiques que monsieur Bridon s'était adjoint depuis quelque tems. »
Cependant l'ordre se rétablit, et le colloque n'alla pas loin ; mais les paroles et les yeux de l'épouse délaissée se gravèrent dans l'imagination, du professeur qui, sans le secours de *Besout*, pouvait suppléer en plus d'une occasion le trop débile époux

de sa patrone. De son côté, la dame qui depuis long-tems gémissait dans l'attente d'un vengeur, était disposée à rendre la place dès la première attaque. D'après toutes ces dispositions naturelles, l'issue de l'affaire ne pouvait être douteuse, et dès le lendemain, le vainqueur plaça ses lauriers sur la tête du ... vaincu.

Les choses en étaient à ce point, lorsqu'on reçut une lettre des prisonniers qui contenait le détail de leur conduite: ils avaient espéré que l'aveu naïf de leurs fautes, disposerait M. Bridon à l'indulgence, et ils lui promettaient désormais une entière soumission.

On peut juger de la surprise du magister; il ne pouvait en croire ses yeux. Enfin lorsqu'il se fut assuré de l'authenticité du message, il prit sur le champ la route de Passy pour approfondir cette affaire.

L'aubergiste était au lit, et ne voulait entendre aucune proposition d'accommodement. — Ce sont mes élèves, disait monsieur Bridon. — Tant pis, Monsieur, répondit le blessé, car vos *élèves* sont fort mal *élevés*. — Mais faites-donc attention que ce sont des enfans de bonnes familles. — Eh ! que m'importe leur familles ? fussent-ils descendans de Pépin-le-Bref, ils sont hommes et moi aussi. — Comment, Monsieur, de la philosophie ? — je ne connais pas la philosophie ; mais ce que je sais très-bien, c'est qu'un homme ne doit être aux yeux de la loi, qu'un homme, et que d'après ce principe je dois avoir raison de vos élèves. (1) —Mais, Monsieur, si on vous dédommageait convenablement du tort que l'on vous a fait? — Ah! cela est bien différent; par exemple que vos élèves me comptent cent écus, et je retire ma plainte, par la raison que cet argent me servira beaucoup mieux que toutes les punitions qu'on pourrait infliger aux coupables. — Pensez-donc que cette somme... — Un sou de moins je ne lâche pas prise.

Monsieur Bridon, voyant qu'il était impossible d'obtenir des conditions moins onéreuses, revint chez lui, écrivit sur-le-champ à monsieur Dumont, père de Charles, et le

---

(1) Quelque censeur demandera peut-être où la philosophie va se nicher? — Je répondrai, qu'elle loge dans tous les cœurs où la nature conserve quelque empire.

chargea de faire part de tout ce qui s'était passé, au père d'Eugène, nommé Evrard.

A cette nouvelle les bons bourgeois devinrent furieux et jurèrent de ne pas donner une obole, ajoutant que cela corrigerait les vauriens. Cette décision fit battre le petit cœur d'Elisa, qui se trouvait alors chez son oncle, et de retour chez elle, de grosses larmes inondèrent les roses de ses joues. Sa mère en voulut savoir la cause : Ah ! mon pauvre cousin, s'écria Elisa. — Eh ! que lui est-il arrivé? demanda la maman. — Il ne passera pas les vacances ici. Oh ! que mon oncle est un méchant homme !

La bonne femme qui ne soupçonnait pas toutes les raisons que sa fille avait pour s'affliger, ne s'occupa pas plus longtems de ce qu'elle regardait comme un enfantillage, et la laissa pleurer tant qu'elle voulut.

C'était précisément là le moyen de la calmer, car telles sont les femmes : si vous cherchez à les consoler, leurs larmes sont intarissables. Il est si agréable d'inspirer de l'intérêt, et la coquetterie n'est-elle pas, pour l'ordinaire, la bâse sur laquelle reposent les sentimens féminins ?..... O ! sexe enchanteur ! comme tu te joues de notre faiblesse !..... Mais c'est en vain que je déclame : au premier mot, au moindre sourire, je brise ma plume et tombe aux pieds de la beauté, plus timide qu'une fauvette.

Elisa se calma donc, car après tout, chaque chose a sa fin ici bas, excepté pourtant la morgue de certaines gens qui paraît devoir être éternelle. Et lorsque ses larmes furent séchées, elle s'empressa de porter la triste nouvelle à mademoiselle Sophie Girod, qui de son côté s'intéressait beaucoup à Eugène. Cette jeune personne, quoiqu'ayant à peine achevé son troisième lustre, passait néamoins pour un esprit fort. « Il ne s'agit pas de verser des larmes stériles, dit-elle à la jeune éplorée, cela ne soulagera ni votre cousin, ni mon Eugène; il faut agir, et si vous me secondez, dans huit jours ils seront libres. » Elisa promit de faire tout ce qui pourrait accélérer le retour de son cousin. « Voici donc mon plan, reprit Sophie, vous savez qu'un de mes oncles tient un hôtel garni à Paris, je n'ai jamais vu la capitale, et la vieille Marguerite, notre gouvernante, brûle d'envie de retourner à Paris, où elle n'a passé que quelques jours.

Ma mère ne me refusera pas la permission d'aller, sous la sauvegarde de Marguerritte, y passer une partie de l'été, tâchez que la vôtre consente à vous laisser faire ce petit voyage avec moi. Trois cents francs ne sont pas une somme immense, nous réunirons nos épargnes que nous porterons à monsieur Bridon, et les fers des captifs seront brisés. Comment trouvez-vous ce projet ? — Admirable ! — N'est-il pas vrai ? »

Ce plan arrêté, on travaille à l'exécution : Sophie, dès le même jour, parle de son oncle et témoigne le desir de le voir ; il n'en fallait pas d'avantage. On obtient le consentement de la mère d'Elisa sans plus de difficulté, et deux jours après nos héroïnes se mettent en route.

Allez, vollez, jeunes beautés, mes vœux vous accompagnent ; mais l'amour est votre guide.... gare les faux pas !.....

CHAPITRE III.

Voilà donc nos jeunes étourdies sur le chemin de ce Paris tant renommé, de ce véritable paradis des femmes !... « Oui, me répondra quelque censeur morose, le paradis des femmes qui ne suivent d'autre loi que celle du plaisir, et pour qui l'honneur, la vertu, l'innocence ne sont que des mots vides de sens; mais plutôt l'impure Babylonne qu'une femme vertueuse ne saurait habiter sans courir les plus grands dangers. Des embûches continuelles sont tendues sous ses pas; l'esprit de séduction l'entraîne;

enfin son innocence est menacée de toutes parts, et si elle résiste à tant de forces réunies, ce n'est qu'en passant ses plus beaux jours à faire une guerre opiniâtre à ses sens. Est-ce là ce que vous appelez vivre en paradis? — Non, sans doute ; mais dites-moi, l'homme aux jérémiades, une femme ne peut-elle pratiquer la vertu qu'en foulant aux pieds les fleurs que le destin, la nature et l'amour ont semées sur son passage?..... Non ! non ! l'amour n'est point un crime, et ses plaisirs ne sauraient porter atteinte à l'innocence ! croyez-m'en, sexe léger, sans l'amour, la vie n'est qu'un voyage bien insipide; lui seul peut en faire une promenade délicieuse.....Mais à propos de promenade, il est tems, je crois, de revenir à mon sujet, dont la manie des discussions m'écarte sans cesse.

On avait écrit à monsieur Girod afin qu'il se trouvât à l'endroit où s'arrête la diligence de Pontoise ; mais il en vient deux chaque jour, et l'on avait négligé de l'en prévenir, de sorte qu'il se trouva à l'arrivée de celle du matin, tandis que les jeunes personnes ne devaient arriver que le soir. Cependant, le bon oncle, ne se sentant pas disposé à passer ainsi la journée en vaines attentes, s'imagina qu'il avait mal lu, et revint chez lui, dans la ferme persuasion que sa nièce n'arriverait que le lendemain.

Pendant ce tems, nos héroïnes avançaient rapidement vers la capitale dans laquelle elles ne tardèrent pas à entrer.

La voiture s'arrête rue Montorgueil, et l'impatiente Sophie s'élance la première à la portière où son amie ne tarda pas à la suivre. La première cherche des yeux monsieur Girod, qu'elle est fort étonnée de ne point voir. La bonne Marguerite s'offrit pour aller chercher un fiacre et s'adressa chez un épicier pour savoir où elle en trouverait. Un grand benêt de garçon, qui depuis six mois avait quitté son village, trouva plaisant d'envoyer la bonne femme à la halle ; une marchande de poisson l'envoya rue Saint-Denis, un garçon perruquier, au Pont-au-Change ; enfin, la pauvre femme, ainsi bernée, et sans cesse renvoyée de Carybde en Scylla, marcha plus de deux heures sans trouver ce qu'elle cherchait.

Cependant un homme, qu'à son

extérieur on pouvait prendre pour quelque riche particulier ; et dont un embarras de voitures, causé par la station de la diligence, avait fait arrêter le cabriolet élégant, remarqua la beauté des jeunes provinciales, et l'espèce d'inquiétude qui se peignait sur leurs charmans visages. « Oh ! les jolis boutons de roses, se dit-il ; que ne suis-je l'heureux mortel qui les éfeuillera !... Eh ! parbleu ! continua-t-il, en mettant pied à terre, l'occasion paraît favorable, et je serais un grand sot de n'en pas tirer parti. » Alors s'adressant à Elisa : « Ces dames sont étrangères à ce qu'il parait ? — Oui, Monsieur, nous voyons aujourd'hui Paris pour la première fois. — Et ne craignez-vous pas de vous égarer dans ce vaste labyrinte ? — Notre gouvernante est partie depuis une heure pour chercher une voiture, et nous sommes fort inquiètes de ne la point voir revenir. — Si j'osais vous proposer mon Bockey? — Osez, Monsieur, répondit vivement, l'impatiente Sophie, et nous accepterons avec reconnaissance. — Vous ne songez donc pas à Marguerite? reprit Elisa. — Je pense, ma chère, qu'après une aussi longue absence, elle n'espère plus nous retrouver ici; elle sait, au reste, l'adresse de mon oncle. »

Notre homme, enchanté de ce premier succès, présente la main aux deux innocentes, qu'il fait monter dans son cabriolet, se place entr'elles, et semble communiquer ses desirs au vigoureux coursier qui les entraine avec la rapidité de l'éclair.

Il y avait peu de chemin à faire pour arriver rue de Richelieu, où monsieur Girod tenait l'hôtel de Perse, ce dont Sophie avait instruit son galant conducteur; mais celui-ci n'avait pas l'intention de se séparer si vîte de ses jolies captures, de sorte qu'on arriva droit, non pas à l'hôtel de Perse; mais rue du Mont-Blanc, où la voiture s'arrêta devant une maison d'assez belle apparence.

« Il y a encore loin pour arriver chez monsieur votre oncle, dit alors l'inconnu; la chaleur est excessive, et vous devez avoir besoin de rafraichissemens, veuillez donc entrer chez moi, d'où après un instant de repos, je m'empresserai de vous remettre à votre parent.

Ces paroles furent un trait de lumière pour Sophie, elle commença à soupçonner quelque trahison, et se reprocha son inconséquence ; cependant comme il n'était plus tems de reculer, elle résolut de se bien tenir en garde contre les pièges qu'on pourrait lui tendre, et se laissa conduire, sans affecter la moindre défiance.

Après avoir traversé une antichambre où se trouvaient plusieurs domestiques et un salon meublé avec la plus grande magnificence, les amies furent introduites dans un boudoir, ou plutôt dans un temple, qui semblait consacré au culte de Vénus. Les tableaux les plus propres à disposer aux doux exercices de l'amour s'y trouvaient en quantité. Là, le maître des dieux goûtait, dans les bras de Léda, le plaisir qu'il enviait aux mortels, et Vénus se dédommageait avec Mars de ce qu'elle était obligée d'accorder à un mari boîteux et difforme. Plus loin, le timide Adonis recevait de la même déesse, la première leçon d'amour, tandis que Cupidon consolait l'innocente Psyché. Des sophas, des chaises longues, disposés de la manière la plus voluptueuse, semblaient autant d'autels qui invitaient également au sacrifice, la victime et le sacrificateur ; enfin, un demi-jour n'éclairait qu'à regret ce séjour délicieux, et tu l'as dit, ô Dumoustier :

. . . . . . Le premier demi-jour
Fut, par la Volupté, inventé pour l'Amour.

« Eh bien ! va s'écrier de nouveau, mon larmoyant censeur: que vous en semble? à peine vos jeunes vierges ont-elles mis le pied dans ce paradis, que vous vantez si fort, et déjà leur honneur court les plus grands dangers. — Leur honneur, dites-vous ? Eh quoi ! ce mot aura-t-il toujours mille acceptions différentes ? un bon citoyen, un homme probe, eut il fêté toutes les filles de l'Opéra, n'en est pas moins un homme d'honneur ; mais par quelle fatalité l'honneur d'une femme est-il si fragile, qu'un instant de plaisir puisse le détruire ? pourquoi est-il incompatible avec la sensibilité dont est doué ce sexe enchanteur ?

» Un homme est épris des charmes d'une jeune Vestale, il lui peint son martyre ; l'innocente s'attendrit ; il presse ; on cède à ses transports..... mais quoi ! la jeune enfant ne peut le rendre heureux qu'en perdant l'honneur ; tandis que celui qui partage les sensations les plus délicieuses, conserve le sien intact.... et cet ignoble préjugé subsiste encore dans un siècle éclairé du flambeau de la philosophie ! pauvres petites ! que votre sort est peu digne d'envie ! l'absurdité a voué une haine implacable à vos plaisirs....... mais voilà, je pense, beaucoup trop de lamentations, revenons au boudoir.

L'inconnu fit asseoir Elisa sur un canapé, tandis que Sophie, afin de tout observer, se jeta dans un fauteuil en face d'une glace, au moyen de laquelle elle pouvait voir sans se déranger, tout ce qui se passait dans l'appartement. Alors le galant hôte sonna un domestique, fit avancer une table, sur laquelle une collation, composée des mets les plus recherchés et les plus délicats, fut presqu'ausitôt servie; et se plaçant entre les deux compagnes, il fit les honneurs de la table avec toute la grâce dont est susceptible, un homme qui joint à beaucoup d'éducation, l'usage du grand monde. Elisa fit d'abord quelques difficultés ; mais, cédant enfin aux instances réitérées, elle mangea un biscuit et but un peu de vin. Ausitôt ses paupières s'appesantirent de telle force, qu'il lui fut impossible de résister au sommeil qui l'accablait.

Heureusement, Sophie n'avait encore rien pris, lorsqu'elle s'aperçut de l'effet que le vin produisait sur son amie ; mais afin de ne montrer aucune défiance, elle feignit de porter le verre à sa bouche, et jeta adroitement sous la table, la liqueur qu'il contenait ; puis laissant tomber nonchalemment sa tête sur le dossier du fauteuil, elle parut au bout d'un instant profondément endormie. C'était là où l'attendait l'infâme suborneur. Dès qu'il se fut assuré que le vin préparé opérait, il prit Elisa, la plaça sur une chaise longue, puis écartant les voiles qui retardaient ses plaisirs, il allait porter une main téméraire sur le sanctuaire que jusques-là aucun mortel n'avait ôsé souiller... Encore quelques secondes et la rose était cueillie... et le malheureux Charles était impitoyablement rangé dans la classe des.... Oh ! s'il savait quel malheur le menace ! s'il pouvait voir la vertu d'Elisa aux abois ! c'est alors que sa captivité lui paraîtrait insupportable ! avec quelle rage, il tenteroit d'ébranler les barreaux qui l'empêchent de voler au secours de l'innocence ! hélas il ignore l'affreuse situation de sa chère cousine, et il attend, non sans impatience ; mais avec sécurité, le jour où il pourra près d'elle se livrer sans réserve à tous les plaisirs de l'amour, dont les premiers instans de la nuit qu'il avait passée dans l'auberge maudite, ne lui avaient fourni que de bien faibles connaissances.

Cependant Sophie qui, au moyen de la glace, observait jusqu'au moindre mouvement, ne jugea pas à propos de laisser aller les choses plus loin. Prompte comme la foudre, elle s'empare d'un couteau qui se trouvait sur la table, saisit au collet le perfide qui déjà regardait la victoire comme certaine, et levant son arme d'un bras ferme. « Scélérat! s'écrie-t-elle, au moindre mouvement tu es mort!... A cette terrible menace, notre homme pousse un cri épouvantable, et tombe sans connaissance sur le parquet; à ce bruit, les laquais accourent; tandis que l'un lui frappait dans les mains, qu'un autre lui frottait les tempes, et qu'un troisième courait chez le médecin. Sophie que la situation du séducteur rassurait pour la vertu de sa compagne, ne jugea pas prudent d'attendre la fin de cette aventure ; et profitant de la confusion qui régnait, elle s'empressa de gagner la porte, espérant trouver facilement la demeure de son oncle.

Après avoir marché quelques instans, elle arriva sur le boulevard Italien. « Oh ! pour le coup, se dit-elle, je ne m'adresserai pas à messieurs les Parisiens : le chemin qu'ils font prendre aux jeunes personnes est un peu trop glissant, et puisqu'il faut que quelqu'un m'enseigne la demeure de mon oncle, ce sera des dames que je reclamerai ce service: car au moins celles-ci ne gagneront rien à me tromper.

La courageuse Sophie achevait ce monologue lorsqu'elle se trouva devant le café Tortoni, au milieu d'une foule de promeneurs, qui, tous occupés de la mode du jour ou de l'anecdote scandaleuse de la veille, ne soupçonnaient pas quel trésor ils coudoyaient impitoyablement. Enfin, ne sachant si elle devait tourner à droite ou à gauche, l'innocente s'approcha d'une de ces femmes qui, mollement étendues sur quelques chaises demi-brisées, avalent la poussière par distraction, jusqu'à ce qu'il plaise à quelque désœuvré de leur jeter le mouchoir, et de faire le sultan aux dépens de sa bourse et peut-être de sa santé : « Madame, lui dit-elle, je suis étrangère, veuillez m'enseigner de quel côté se trouve la rue de Richelieu. » Ce son de voix argentin fit lever les yeux à la princesse, qui ne fut pas peu surprise de la beauté de la jeune personne. — Quoi, mon ange, lui répondit-elle, vous ne connaissez point Paris, et vous vous exposez à le parcourir seule ; certes je ne souffrirai pas qu'un pareil trésor devienne la proie de quelque vaurien. Suivez-moi, je demeure à deux pas d'ici, et mes gens vous conduiront où il vous plaira d'aller.

Sophie fut fort étonnée de la proposition, et balança un instant, car quelques heures de séjour dans la capitale lui avaient acquis beaucoup d'expérience. Cependant quel risque pouvait-elle courir chez une femme? cette réflexion bannit aussitôt la défiance de son âme. L'officieuse dame, qui attribuait cette légère hésitation à la timidité naturelle à une jeune provinciale, se leva, la prit doucement par la main, et Sophie, vaincue par tant de grâces et de complaisance, la suivit sans délibérer davantage.

On entra bientôt dans l'une des plus belles maisons de la rue de Céruti; alors la dulcinée parla bas à une femme-de-chambre, cette dernière disparut aussitôt, et laissant à sa maîtresse le soin de retenir notre héroïne; elle se rendit en toute hâte chez un riche Milord qui, profitant de la paix d'Amiens, venait, par économie, visiter les beautés de la France. « Milord, lui dit-elle, nous avons du nouveau. — Du nouveau! Goddem! cela il y être pas possible! — Pardon, Milord, la fleur des pucelles..... — Oh! je ni aimai pas li fleur di tout..... — Mais c'est une jeune fille qui...— Yes! yes! ji aimai fortement, li junes filles.

— Eh bien ! il ne tient qu'à vous d'être le premier qui..... — Cela il y être bien véritable... — Rien n'est plus certain. — Goddem ! dites à mademoiselle flur di picelle que je vais le voir tout de suite. — Mais, Milord, il y a des concurrens, et si vous venez à pied, je crains que..... — Oh ! oh ! le petite il était beaucoup pressée ?..... Yorik ! apportez lé voiture à moi. »

Cependant la journée avait été d'une chaleur extraordinaire, et quelques gouttes de pluie, qui commençaient à tomber, précédaient un orage qui éclata bientôt, de sorte que la soubrette de madame Bertrand, c'était le nom de l'officieuse, espérait avoir place dans la voiture de Milord; mais Milord qui était poli comme un Anglais, laissa la messagère à pied et ordonna à

Yorik de toucher rue de Céruti, où il arriva en quelques minutes. Il frappe, et le portier veut savoir où il va : « Goddem ! je viens voir mademoiselle flur di picelle. — Des pucelles ! s'écria le cerbère, ah ! monsieur, vous vous trompez de porte, je ne connais pas de pucelle ici. — Comment ? vous ne pas connaître madame Bertrand ? — Madame Bertrand, pucelle ! Oh ! pour le coup, c'est se moquer de moi ! je vous répète qu'il n'y a pas de pucelle ici ; qu'il n'y en a jamais eu, et je vous prie de me laisser en repos. — Yorik ! Yorik ! s'écria notre Anglais, vous venir boxer ce coquin là tout de suite, Goddem ! je suis dans la plus grande fureur.

Cependant Yorik, qui n'était pas en fureur du tout, resta tranquillement sur son siège, et Milord allait probablement se décider à boxer lui-même, lorsque la femme-de-chambre arriva, et fit cesser la querelle, se promettant toutefois, de punir, un peu plus tard, l'Anglais de son impolitesse.

Notre homme entra donc chez la Bertrand qui, grâce à l'orage, avait retenu Sophie, sans que celle-ci soupçonnât le complot qui se tramait contre elle. La conversation s'engagea, et l'honnête dame commença à vanter la vie douce et agréable que pouvait mener à Paris une jeune personne, lorsqu'elle n'était pas rébelle à l'amour; mais Milord s'imaginant qu'il suffisait de payer pour aller au but, jeta une vingtaine de guinées sur la table et fit signe à la commère, qui disparut sur-le-champ, laissant la vertu de sa protégée aux prises avec le noble Breton. Ce dernier, enchanté de l'acquisition qu'il venait de faire, voulut, sans plus délibérer, entrer en possession. Quelle fut sa surprise lorsque Sophie, effrayée s'opposa aux caresses qu'il avait, disait-il, acheté le droit de lui faire. « Goddem ! mon petite, s'écria-t-il, jé fais lé amour pour mon argent ! — Eh bien ! faites-le à qui bon vous semblera, répondit la rébelle ; mais si vous osez m'approcher, je saurai bien vous faire passer l'envie de commencer par moi. »

L'Anglais ne tint pas grand compte de la menace, et il appliqua sur-le-champ un gros baiser au petit dragon qui, sans respect pour les nobles sujets de sa majesté britannique, se cramponna à la figure de milord, et joua des ongles de manière à calmer promptement son amour.

Tandis que milord beuglait comme un veau, Sophie, qui commençait à s'apercevoir du nouveau piège où elle était tombée, s'enfuit sur l'escalier, et, craignant d'être poursuivie, chercha un refuge dans le grenier.

Cependant, la nuit étant tout à fait tombée, notre héroïne pensa à se tirer du mauvais pas où, pour la seconde fois, l'avait mis son inexpérience. Elle saisit donc la rampe de l'escalier, et à la lueur des éclairs, qui se succédaient avec rapidité, elle arrive en tremblant à l'étage inférieur. Aussitôt les pas de quelqu'un, qui paraissait pesamment chargé, vinrent frapper son oreille; une émotion dont elle ne put se

rendre compte la força de s'arrêter.
Alors elle aperçoit un homme portant dans ses bras une jeune personne qui paraissait privée de l'usage de ses sens. Ce tableau lui rappèle la situation où elle a laissée Elisa; un pressentiment l'entraîne, et, rappelant tout son courage, elle s'avance près d'une porte vers laquelle cet homme semblait s'être dirigé. L'appartement était éclairé, de sorte que Sophie, appliquant un œil sur le trou de la serrure, pouvait distinguer ce qui se passait dans l'intérieur. Qui pourrait peindre les divers sentimens qui l'agitèrent, en reconnaissant Elisa elle-même, toujours endormie, et dont les vêtemens étaient encore dans le désordre où deux heures auparavant les avait mis le galant conducteur de la chaussée d'Antin. Elle ressentit

tout à la fois le plaisir de retrouver sa compagne, et la douleur de ne pouvoir lui conserver l'innocence, car il lui paraissait impossible de la soustraire au sort que semblait lui réserver son nouveau possesseur Crier, c'eût été mettre la Bertrand sur les traces de sa victime; aller chercher du secours au dehors, cela donnait le tems au ravisseur d'exécuter son perfide dessein. Il fallait donc un miracle pour sauver une seconde fois la vertu d'Elisa..... Et nous autres bonnes gens, du dix-neuvième siècle, nous sommes si pauvres en miracles!

Tandis que Sophie faisait ces tristes réflexions, le traître disposait tout pour s'assurer une victoire prompte et facile; enfin il allait mettre la dernière main à l'œuvre, lorsqu'un coup de tonnerre effroyable vint ébranler la terre, et en révelliant Elisa, désarma l'ennemi de son innocence, qui deux minutes plus tard eût été son vainqueur. Alors la jeune fille se lève éperdue, de dessus le lit où elle était placée, promène ses yeux égarés autour de la chambre, et cherche à se rappeler quelles circonstances l'y ont conduite, lorsque tout à coup Sophie, ne pouvant résister davantage au desir de sauver l'honneur de sa chère compagne, s'élance avec force contre la porte; la serrure cède à ce choc violent, et tandis que l'inconnu stupéfait ne sait s'il est bien éveillé, la courageuse amazone saisit son amie par le bras, et l'entraîne dans la rue, avant que la dernière ait eu le tems de se reconnaître..... Eh! Messieurs, d'où vient cette rhumeur!.... Comment?.... Je ne vous ai pas dit par qui la belle endormie avait été transportée de la rue du Mont-Blanc à celle de Céruti..... Parbleu! j'ai bien mes raisons pour cela ; mais puisque vous ne voulez me faire grâce d'aucun détail, et qu'un auteur doit être en tout, le très-humble et très-obéissant serviteur du public, je vais tout vous apprendre, sans vous faire grâce du moindre détail. Si mon explication ne vous paraît pas très-claire, veuillez-vous rappeler qu'un grand maître a dit:

Le vrai peut, quelquefois, n'être pas vraisemblable.

CHAPITRE IV.

~~~~~~

Oh ! combien le bon vieux tems, ce tems si cher à nos ancêtres est à regretter ! Cet âge d'or, où l'amour était purement sentimental, où un preux chevalier, visière baissée et la lance en arrêt, courait le monde, pour plaire à la dame de ses pensées... Hélas ! que nous sommes loin de ces précieux modèles..... Que les tems sont changés, et les mœurs corrompues !.... En vain quelque raisonneur dira-t-il qu'il est plus naturel, et surtout plus raisonnable de vivre près de l'objet aimé, que d'aller, sous un ciel étranger, se faire tuer pour plaire à une coquette ; que l'amour est inséparable du desir, et que le plaisir est le but délicieux vers lequel les deux premiers nous entraînent : car si les anti-philosophes ne peuvent lui répondre victorieusement, ils traiteront ses raisonnemens de *sophismes*. « Mais, messieurs, leur dira-t-il, c'est le langage de la raison. — Eh bien ! Monsieur, votre raison n'est qu'une sotte, ou, pour le moins, une libertine ; car vous ne pouvez nier que dans le bon vieux tems on n'eut beaucoup de vénération pour les pucelages. Sous Charles VII, on les respectait même encore beaucoup, témoin l'immortelle Jeanne-d'Arc, qui, sans coup férir, porta le sien au milieu des armées......... que de choses sublimes, enfin, ces messieurs, pourraient encore débiter sur ce sujet !... Mais laissons-les prêcher tout à leur aise, afin de donner, bonne ou mauvaise, au lecteur, l'explication que nous lui avons promise.

On se rappèle qu'Elisa était restée dans le boudoir, et la situation critique où se trouvait l'amateur des boutons de roses. Cependant le valet-de-chambre, gaillard, qui avait vû du pays, et qui, comme les autres domestiques, avait été attiré par le cri de son maître, devina au premier coup-d'œil, une partie de l'aventure. Espérant être plus heureux que son pâtron, il s'empara de la belle endormie, la porta dans un fiacre, sous le prétexe de la conduire en lieu de sûreté, et ordonna au cocher de toucher maison de la Bertrand, dans laquelle il avait une chambre, car il est tems de dire que l'individu dont les deux amies, avaient fait la rencontre rue Montorgueil, était l'un des plus riches banquiers de la capitale, et l'on pense que le valet-de-chambre d'un tel personnage, est déjà quelqu'un d'assez important pour se permettre un pied-à-terre au cinquième. Mais un dieu protecteur veillait sur l'innocence, ce qui n'est pas chose commune, dans un pays où elle succombe chaque jour; et nos héroïnes arrivèrent enfin chez le bon oncle Girod, laissant le *frontin* fort effrayé de tout ce qu'il avait vu, et le noble Breton aux prises avec la Bertrand. Celle-ci, n'étant point disposée à rendre les guinées, invita très-énergiquement Milord à quitter la place, et Milord, persuadé qu'il perdrait son tems en réclamations, se résigna à la retraite; mais à peine avait-il descendu quelques marches, qu'il se sentit toucher légèrement par quelqu'un, qu'au froissement de ses vêtemens il reconnut pour une femme. S'imaginant aussi-tôt qu'il tenait Sophie, il étendit les bras et saisit... qui ?..... la femme-de-chambre de la Bertrand....... On n'a pas oublié la manière peu courtoise avec laquelle l'Anglais l'avait traitée, et la promesse qu'elle s'était faite de l'en punir. Placée en sentinelle dans une pièce voisine, elle avait été témoin de ce qui s'était passé entre Milord et la belle enfant qu'on avait mise à sa discrétion. Ce fut ce moment qu'elle choisit pour dresser ses batteries, car, outre la finesse naturelle à son sexe, cette femme possédait ce que l'on appelle *l'esprit du moment*, et avec de pareilles armes, elle eût défié tous les habitans des trois royaumes unis.

S'étant donc couvert le visage d'un voile, et comptant sur le *quiproquo*, elle se mit en embuscade dans l'escalier, attendant son homme de pied ferme. Ce dernier donna dans le piége avec toute la bonhommie dont il était capable; persuadé qu'il tenait la jeune vierge, il force sa captive à descendre, la fait monter en voiture, se place près d'elle, et en quelques minutes ils arrivèrent à l'hôtel. Milord enchanté de la docilité de sa compagne, lui présenta la main avec toute la galanterie britannique ; de son côté, la soubrette qui avait ses vues, se laissa conduire avec grâce... Or, vous le savez, Messieurs.

. . . . Tout conteur est un sot,
S'il n'embellit la chose en esquivant le mot.

Esquiver le mot, n'est pas ce

qui m'embarrasse ; mais *embellir la chose* est plus difficile, et afin de ne pas m'épuiser en fleurs de rhétorique, je vous dirai que Milord, croyant noyer ses desirs dans la coupe de l'amour, but à longs traits le calice empoisonné que lui présenta la traitresse.

Cependant, j'entends de toutes parts la sensible fillette, et l'impatient lecteur me demander ce que sont devenus les prisonniers. Patience, mesdames et messieurs, nous allons y revenir.

La colère des deux bonnes gens de Pontoise s'était peu-à-peu dissipée ; ils avaient réfléchi qu'il valait mieux compter cent écus que d'attendre le dénouement de cette afaire, qui pourrait bien finir par leur en coûter le double ; mais jugeant qu'il était nécessaire de punir les espiègles, il fut décidé qu'ils passeraient tout le tems des vacances à la pension.

Monsieur Bridon reçut donc l'argent nécessaire, et les captifs furent mis en liberté, le jour même de l'arrivée des jeunes personnes à Paris.

Eugène, bien que regrettant vivement les beaux jours qu'il avait espéré passer près de Sophie, se soumit avec résignation à la volonté paternelle; mais Charles, plus impatient et moins timide, ne pouvait se résoudre à passer encore une année, sans voir sa chère cousine; sans lui peindre, en traits de feu, l'amour qu'elle avait fait naître dans son cœur. Néanmoins, il fallut bien reprendre les études. Quelle tristesse!.. les classes désertes, et la cour, où quelques jours avant les bruyans éclats d'une foule de jeunes et joyeux disciples retentissaient encore, n'était plus qu'une vaste solitude!.. Enfin, depuis vingt-quatre heures, les vacances étaient ouvertes ; élèves et professeurs jouissaient de leurs privilèges, et la fidèle épouse de monsieur Bridon était privée des consolations de son aimable vengeur!.... Oh ! que les maux de l'absence sont terribles en amour!.. Mais, après tout, il est un moyen de les adoucir. Cette réflexion calma promptement la sensible dame, et nous verrons bientôt que les cœurs tendres *trouvent encore du plaisir à confondre leurs chagrins.*

CHAPITRE V.

Madame Bridon savait tout ce qui s'était fait à Passy ; la fermeté de Charles lui avait paru d'un heureux augure, et la nuit que les deux espiégles avaient passée dans l'auberge, se présentait souvent à son imagination. Enfin, le jeune professeur était absent ; les faiblesses du bon homme devenaient plus fréquentes, et, vous le savez, ô vous qui avez succombé ! le diable est bien fin..... et la chair est si faible!.. la belle délaissée pensa que Charles était un *pis-aller* fort aimable, et bientôt ses yeux exprimèrent ses desirs. Charles, qui déjà commençait à épeler dans le livre de l'Amour, comprit assez facilement ce langage. « Ma foi ! se dit-il, vaille que vaille ! il faut voir la fin de tout ceci. » Il répondit donc sur le même ton, et, le lendemain, ils s'entendaient parfaitement. Il ne s'agissait plus que d'aller au but ; mais la difficulté se leva d'elle-même : c'était précisément un dimanche ; le bon époux voulut conduire les amis à la messe ; Charles qui avait ses raisons, prétexta un violent mal de tête, et Eugène suivit seul le magister.

Voilà donc nos amans débarrassés des importuns, et pouvant se livrer sans contrainte à la douce impulsion de l'amour ; cependant, bien que madame Bridon eût deviné l'intention du jeune espiègle, un reste de pudeur l'empêchait de faire de nouvelles avances, et Charles, encore trop peu aguerri, ne savait quelle contenance faire. Enfin, il s'approche, s'empare d'une main, hasarde un baiser : bientôt leurs bras s'entre-lacent, leurs soupirs se confondent, et l'âme de ces heureux amans semble s'exhaler au milieu d'un torrent de délices.

Pendant que ceux-ci prenaient un avant-goût du paradis de Mahomet, une scène d'un autre genre se passait à Saint-Roch, où monsieur Bridon avait conduit Eugène. A peine s'étaient-ils placés que deux jeunes demoiselles, dont les grands chapeaux empêchaient de distinguer les traits, accompagnées par un homme qui pouvait passer pour leur père, vinrent prendre place auprès d'eux. Eugène s'empressa d'offrir sa chaise à l'une d'elles.

« Mais, Monsieur ! » dit une voix argentine, qui fit battre son cœur. Il avance, hésite un moment, fait encore quelques pas..... Oh ! surprise !.. c'est-elle !.. c'est Sophie et la cousine de Charles, que l'oncle Girod accompagne !.. De leur côté, les timides amies ne conçoivent rien à cette rencontre, et, de part et d'autre, on reste quelques secondes sans pouvoir proférer un mot. Le plaisir et la surprise semblaient avoir ôté l'usage de la parole à l'amoureux *trio*. Et certes, il fallait que ce plaisir fut bien vif, pour empêcher deux femmes de..... Halte-là !.. un mot de plus, et j'allumais la guerre.... Je me tais, peut-être mes lectrices me sauront-elles quelque gré de ma réticence.

Cependant Eugène s'étant remis, s'informa à voix basse de la santé de ses charmantes compatriotes, et du hasard heureux qui lui procurait le plaisir de les rencontrer à Paris. « Apprenez-nous d'abord, répondit Sophie avec malignité, quelle est la main bienfaisante qui a brisé vos fers ?..... » Eugène, s'apercevant que les fredaines de Passy avaient transpiré jusqu'à Pontoise, rougit et balbutia. « Ce n'est ni le tems, ni le lieu de s'expliquer, reprit alors Elisa; nous sommes encore pour quelques semaines à l'hôtel de Perse, rue de Richelieu, veuillez en informer mon cousin, et lui remettre cela de ma part. » En même tems elle tira de son *sac,* ou *ridicule,* un papier qui semblait renfermer quelque chose de plus solide que des mots, Eugène le mit en poche sur-le-champ, et comme tout ceci se passait tandis que monsieur Bridon et le bon oncle chantaient le *Kirie Eléison*, de manière à étourdir tous leurs voisins, chacun reprit sa place sans que personne d'entre les fidèles remarquât l'entretien qui venait d'avoir lieu, et qui précédait un événement, à la vérité fort commun dans tous les tems, mais qu'il est nécessaire que je rapporte à cause de ce qui s'en suivit.

Le tems s'écoule si rapidement lorsque la volupté lui prête ses aîles, que madame Bridon ne songeait à rien moins qu'à se séparer du nouvel Adonis, lorsque la porte, s'ouvrant tout à-coup, laisse voir le magister que ce tableau semblait avoir pétrifié, et qui resta plus de dix secondes, sans en croire ses yeux.....

Néanmoins, se rappelant à combien de dangers est exposée la tête d'un époux parisien, il voulut éviter le scandale, et ordonna à Charles de sortir sur-le-champ. Celui-ci fit sa malle, la mit sur ses épaules, et se disposait à partir, lorsqu'Eugène, qui, malgré sa timidité naturelle, ne pouvait se résoudre à quitter son ami, abandonna gaîment Virgile et Cicéron pour le suivre.

Que l'on s'imagine deux jeunes provinciaux sortant du coche, le paquet sous le bras, et ne sachant de quel côté ils tourneront leurs pas, on aura une juste idée de la situation des deux amis.

Cependant, comme il fallait tenir un chemin quelconque, ils descendirent la rue d'Antin, et tirèrent droit aux Tuileries.

Tout en marchant, Eugène raconta ce qui lui était arrivé à Saint-

Roch, et remit à Charles ce qu'il avait reçu d'Elisa. « Quoi ! s'écria notre amoureux, encore tout en feu du double exploit de la matinée, Elisa est ici ! je la verrai ! morbleu !... il faut que.... » Il n'en dit pas davantage, car au même instant le papier qu'il tenait s'étant déployé, plusieurs pièces d'or qu'il contenait brillèrent à ses yeux et lui coupèrent la parole. « Oh ! mon ami, reprit-il, après un instant de silence, que nous sommes heureux ! nous allons les voir !..... quel bonheur !... » Eugène, ne concevant rien à ses exclamations, attendait qu'il s'expliquât. « Quoi, reprit Charles, tu n'es pas enchanté des momens délicieux que nous allons passer ?... vois cet or, c'est Elisa qui me l'envoie, et puis-je le mieux employer qu'en le faisant servir de passe-port pour arriver près de la divinité dont le seul nom fait battre mon cœur?... Viens, mon cher Eugène; volons vers les lieux qu'embellissent ces charmantes transfuges, nous y prendrons un logement, et là nous passerons les jours à leur peindre les tourmens que la crainte d'en être séparés nous à fait souffrir... — Et les nuits peut-être..... — Oh ! les nuits ! cette seule idée me fait mourir de plaisir. »

Sans plus longues délibérations, on chargea les malles sur les crochets d'un commissionnaire, qui conduisit les amis rue de Richelieu.

En entrant chez l'oncle de Sophie, Charles s'éleva sur la pointe des pieds, ôta son chapeau d'une main, releva ses cheveux de l'autre, et finit par demander un appartement. Monsieur Girod à qui la jeunesse des prétendus voyageurs n'inspirait pas beaucoup de confiance, hésite un moment; mais Charles, devinant le motif, tira quelques pièces d'or de sa poche, et en changea une pour payer le porte-faix. Ce précieux métal a tant d'empire sur le cœur de l'homme, qu'avec sa protection un solliciteur ne sollicite jamais envain, et le manuel de tous les chercheurs de places pourrait se réduire à ces mots : *Ayez beaucoup d'argent, et sachez vous en servir à propos.*

Monsieur Girod n'était pas plus inflexible qu'un autre : la vue de ce puissant médiateur détruisit toutes les objections qu'il s'apprêtait à faire, aux jeunes gens, et il les conduisit dans un appartement, dont Charles paya sur-le-champ le premier mois.

Voilà donc nos héros au comble de leurs vœux. Au bout d'un instant Eugène trouva moyen, en déguisant le motif, d'apprendre à Sophie leur fuite de chez monsieur Bridon, et l'intention qu'il avait, ainsi que son ami, de passer quelques jours à l'hôtel de Perse, avant de retourner à Pontoise, sauf à s'excuser près de leurs parens, au moyen de quelque fable. La jeune personne, bien que n'étant pas fort tranquille sur les suites de tout ce qui se passait, apprit pourtant cette résolution avec plaisir, et se hâta d'en instruire Elisa qui partagea sa joie.

Cependant, avant de savoir ce qui se passa chez l'oncle de Sophie, il est bon que le lecteur fasse connaissance avec ce personnage dont je vais essayer de tracer l'histoire.

CHAPITRE VI.

Histoire de Monsieur Girod.

Alexis Girod, issu d'une famille aisée, et ayant reçu une éducation convenable, fut de bonne heure atteint de la manie des voyages, si commune aux jeunes gens, et malgré les sages observations de ses parens, il quitta un matin le toît paternel, afin de courir le monde au gré de ses vœux. Alexis connaissait le proverbe : *Il ne faut point s'embarquer sans biscuit ;* mais outre une centaine de louis, qu'il avait eu la précaution d'escamoter à son cher père, il jouait assez passablement du violon, et, plaçant toute sa confiance dans son talent, il sortit gaîment de Versailles, qui l'avait vu naître, et tira droit à Calais, d'où il s'embarqua pour Douvres.

Pendant la traversée, il lia conversation et fit connaissance avec une chanteuse Italienne, qui allait chercher fortune à Londres. Les yeux *della dona* firent impression sur le cœur novice du jeune Girod, et la nymphe, qui s'en aperçut, projeta de tirer parti de la rencontre.

En arrivant à Douvres, Alexis offrit à dîner à la *virtuose*, qui accepta sans difficulté.

Pendant le repas, l'Amphitryon parla d'amour, on sourit, et Alexis, flatté de l'heureux présage, donna à l'hôtesse tout l'argent qu'il plut à celle-ci de lui demander. Le lendemain il obtint un baiser, et, pour n'être pas en reste, il paya deux places à la voiture de Londres.

Chemin faisant, la cantatrice lui proposa de réunir leurs talens, afin de les faire valoir plus avantageusement, à quoi le bon Girod consentit avec joie. Enfin, il passa une nuit dans les bras de la princesse, qui lui jura fidélité, et comme la crédulité fut de tous tems le partage des hommes, Alexis se regarda dès-lors comme le plus heureux mortel du monde entier.

Quelques jours après leur arrivée en Albion, les nouveaux artistes résolurent de donner un concert; en conséquence, ils traitèrent avec le directeur du théâtre de Covent-

Garden, et l'affiche annonça à tous les *honorables* habitans de la *noble* cité, un concert dans lequel seraient entendus les très-illustres virtuoses *il signor Girodini* et *la signora Zéphirini*.

Alexis n'exécuta que des morceaux qu'il connaissait depuis longtems, et fut couvert d'applaudissemens ; mais aussitôt que Zéphirini se fit entendre, le charme de sa voix, joint à la douceur de la langue Italienne, qui contraste si fort avec le *croassement* anglais, enlevèrent tous les suffrages.

Pendant deux mois, la fortune sembla favoriser les artistes ; la foule assiégeait chaque jour les portes du théâtre, et Alexis, toujours épris des charmes de l'Italienne, menait une vie des plus délicieuses ; mais, en Angleterre aussi bien qu'en France, la vogue n'est qu'un oiseau de passage : au bout de ce tems l'admiration des Bretons diminua, le théâtre fut désert, et Zéphirini, rompant tout traité, s'empara un matin de la caisse des économies, et disparut avec un riche baronnet qui avait su toucher son cœur.

Alexis crut qu'on lui avait enlevé son amante, et fut plus affligé de sa perte que de celle des guinées qui étaient parties avec elle. Dès ce moment il voua une haine implacable à la Grande-Bretagne, ainsi qu'à tous ses habitans, et résolut de quitter ce pays, aussitôt que son talent en musique, dont les premiers succès lui avaient donné la plus haute idée, lui aurait procuré l'argent nécessaire. Il ouvrit donc une souscription, car en Angleterre tout se fait de cette manière, pour un concert dans le programme duquel il promettait des merveilles; le jour indiqué, *il Signor Girodini* paraît au milieu de l'assemblée; avec l'assurance que donne la certitude du succès; mais par malheur un voyageur Irlandais, qui avait longtems habité Versailles, se trouvait au nombre des souscripteurs, il reconnut notre virtuose au premier coup d'archet, et s'écria que cet homme était un charlatan qui n'avait vu l'Italie que par le trou d'une bouteille; il l'interrogea aussitôt en italien, en le défiant de répondre. Alexis, qui ne savait pas un mot de cette langue, pâlit et fut confondu. Alors les sifflets et les huées partirent de toutes les bouches; on accusa le pauvre Girodini d'avoir, à la faveur d'un nom d'emprunt, escroqué l'argent du public Anglais, et Jhon-Bull, prompt à saisir les occasions de manifester sa haine pour les Français, tomba bravement sur le malheureux musicien, qui ne dut son salut qu'aux constables, qui le conduisirent provisoirement en prison.

Alexis, accablé par les réflexions que provoquait sa triste position, se blottit dans un coin de la prison, dont, ainsi qu'on le pense, il n'était pas le seul commensal. Là, regrétant le passé, il soupirait en envisageant l'avenir, lorsqu'il entendit une voix se plaindre, en français, de la méchanceté des hommes et de la tyrannie des lois. Cette découverte adoucit un peu sa douleur : « Au moins, se dit-il, je pourrai porter quelques consolations à ce malheureux ; peut-être en recevrai-je de lui, et cette liaison ne pourra qu'adoucir nos chagrins ; nous sommes tous deux victimes d'un peuple aussi sot qu'orgueilleux, le ciel aura pitié de nous. »

En achevant ce monologue, il s'avança du côté d'où partait la voix, et vit un Français qui continuait ses lamentations. C'était un homme d'environ quarante ans, grand, maigre et blême : « Monsieur est mon compatriote, lui dit-il, en l'abordant ; et, ainsi que moi, il a beaucoup à se plaindre des hommes ? — Quel être raisonnable et vertueux n'aurait pas à s'en plaindre, répondit le nouvel Héraclite, ne vivons-nous pas dans un siècle d'ignorance et de corruption ? Mais, continua-t-il, puisque la France est votre patrie, vous y aurez peut-être entendu parler de moi. Je me nomme Babilo ; mon père, qui était un honnête tapissier, ayant amassé quelque fortune à ce métier, me fit donner une éducation brillante ; j'appris le grec, le latin et presque toutes les langues d'Europe. Malheureusement les biens de mon père étaient voisins de ceux d'un seigneur hargneux, plaideur et vindicatif, ainsi que la plupart de nos *nobles* ou réputés tels. Celui-ci nous intenta successivement deux procès que, malgré la justice de sa cause, mon père perdit, ce qui le ruina complètement, et lui causa tant de chagrin, qu'il mourut au bout de quelque tems, me laissant, pour tout patrimoine, des dettes, et l'éducation qu'il m'avait donnée. J'avais alors vingt-cinq ans, cette catastrophe m'aigrit l'esprit, et m'ouvrit les yeux sur la corruption des hommes. Je vis la faiblesse de notre législation, et ne remarquai pas sans indignation que la chicane, l'entravant à chaque pas, finit toujours, à force de sophismes, par éluder les lois les plus formelles. Je résolus alors de sapper cet abus, et je publiai un ouvrage de ma composition dans lequel je tançai ouvertement le prince qui souffrait un tel fléau dans ses Etats, et qui forçait ainsi ses sujets d'avoir recours, pour défendre leurs droits, à des avocats, par fois très-sots, souvent inutiles, et presque toujours fripons. Mon livre fit beaucoup de bruit ; mais malgré l'évidence des faits, malgré l'intention louable de l'auteur, ou peut-être à cause de tout cela, j'appris d'un ami sûr qu'une députation du parlement avait obtenu une lettre-de-cachet contre moi, et je me sauvai en Allemagne, pour éviter la Bastille. Au bout de quelques mois, l'orgueil, l'insolence et le despotisme des seigneurs allemands me révoltèrent au point que je pris de nouveau la plume, pour les engager à se ressouvenir qu'ils n'étaient que des hommes; mais pour toute récompense du service que je voulais rendre à la roture, je ne reçus qu'une centaine de coups de bâton, avec promesse de doubler la dôse s'il m'arrivait de récidiver. La bastonnade allemande ne me convenant pas mieux que la Bastille française, je me retirai en Espagne où je m'avisai de prêcher la tolérance. Malheureusement mes sermons ne furent pas du goût de la sainte Hermandade. Mon hôte fut le premier qui m'avertit charitablement que mes écrits sentaient furieusement l'hérésie, et que la très-sainte Inquisition ne voulant souffrir aucun hérétique dans les Etats espagnols, je ferais bien de changer de ton.

J'avais, à la vérité, été victime du despotisme de la noblesse, et de l'avidité de ce qu'on est convenu d'appeler *la justice ;* mais que pouvais-je craindre de ces ministres d'un Dieu de paix ?

Prêcher la tolérance, n'était-ce pas agir dans le sens de l'Evangile? et les maximes de l'Evangile pouvaient-elles m'attirer l'animadversion des successeurs des apôtres ?

Je fis part de ces réflexions à mon hôte. « Il s'agit bien ici, me répondit-il, d'apôtres, et d'Evangile ! d'après vous on devrait laisser penser chacun à sa manière, sans s'inquiéter s'il fera ou non son salut. Vous avez osé dire que les prières des Juifs, des Protestans, des Luthériens, etc., étaient aussi agréables à Dieu que celles des Chrétiens, parce que toutes avaient pour but de louer, de prier ou de remercier le grand auteur de la Nature, qui sous vingt noms différens est toujours le même Dieu. Certes, en voilà plus qu'il n'en faut pour vous faire brûler, car nos saints pères de l'Inquisition n'entendent pas raison sur cet article, et si vous m'en croyez, vous quitterez l'Espagne au plus vîte. »

Ce discours ne m'intimida pas beaucoup, car je pensais qu'il y avait au moins exagération ; mais j'appris bientôt à connaître ces assassins fanatiques. Un matin, que j'étais occupé à rédiger une brochure, dans laquelle je prouvais, clair comme le jour, que, puisque Dieu a donné à l'homme la liberté de penser, il n'appartient point à ses ministre de la lui ôter, un officier du Saint-Office et deux ou trois alguazils entrèrent dans ma chambre, et le premier m'intima l'ordre de le suivre. Je voulus savoir de quoi l'on m'accusait; mais l'officier ne répondit qu'en faisant signe à ses subordonnés de s'emparer de moi. « Songez, m'écriai-je alors, que je ne suis pas sujet de sa majesté catholique : je me mets sous la protection de l'ambassadeur français, et je n'ai rien à démêler avec le Saint-Office. — C'est ce que nous verrons, répondit l'officier ; mais, pour ce qui est de votre pays, fussiez-vous le roi de France lui-même, que vous seriez comptable de vos principes; car, lorsqu'il s'agit de la gloire de Dieu, la sainte Inquisition ne connaît ni rang ni patrie, et les hérétiques du monde entier sont justiciables de son tribunal infaillible. »

Je reconnus alors que mon hôte n'avait point exagéré, et je me repentis de ne point avoir suivi son conseil; mais, hélas! il n'était plus tems! les portes des affreux cachots étaient ouvertes pour recevoir le malheureux Babilo, et elles ne se refermèrent que lorsqu'on m'eut descendu dans un de ces espèces de tombeaux, dont on ne sort ordinairement que pour aller sur un bûcher, servir de spectacle à un peuple superstitieux et barbare, qui se fait un devoir de brûler la créature, à la plus grande gloire du Créateur.

Cependant, un rayon d'espérance me restait encore, je ne pouvais croire qu'on pût brûler un homme parce qu'il avait osé élever sa voix en faveur de l'opprimé. Hélas! que je connaissais mal l'esprit des prêtres!.... Je ne savais pas alors qu'un d'eux avait dit : *Donnez-moi quatre lignes de tel ou tel individu, et j'y trouverai de quoi le conduire au bûcher.* Je ne savais pas que saint Cyprien a écrit : *Dieu a donné aux prêtres le droit de tuer, tant par le glaive spirituel que corporel, tous ceux qui leur désobéiraient.* Je ne savais pas qu'un *saint Augustin fit massacrer douze cents hommes, parce que ceux-ci refusaient de le re-*

connaître pour chef de l'Eglise. Je ne savais pas qu'un grand saint avait dit que : *L'on ne voyait dans les prêtres aucune charité ; mais seulement de l'aigreur et de la passion, et qu'ils devaient être un objet d'horreur et de mépris pour tous les gens de bien.*

Certes, si j'avais su toutes ces choses, et bien d'autres encore, il m'eût été difficile d'espérer autre chose que la mort, à laquelle pourtant je parvins à échapper.

Je ne sais combien je fus de tems sans paraître devant le tribunal exécrable des révérends inquisiteurs, car les ténèbres perpétuelles, qui régnaient dans mon cachot, ne me permettaient pas de compter les jours ; mais, si j'en juge d'après le pain et l'eau que je reçus et que je présume avoir été renouvellés tous

les deux jours, il se passa un mois, sans qu'on jugeât nécessaire de m'interroger. Au bout de ce tems, je fus conduit, à travers d'obscurs corridors, dans un cachot beaucoup plus vaste que celui que j'habitais. Il était éclairé de plusieurs torches; mais je ne pus d'abord rien distinguer, tant mes yeux avaient de peine à supporter la lumière. Cependant ils s'y accoutumèrent peu-à-peu; alors je vis une table, autour de laquelle étaient assis plusieurs moines; après qu'ils eurent marmotté quelques prières, que je n'entendis point, l'un d'eux m'ordonna de confesser à haute voix les crimes dont je m'étais rendu coupable. —
« Mes mains, lui répondis-je, ne se sont jamais souillées du sang de mes semblables; j'ai toujours respecté les propriétés, et la vertu a

toujours eu mon suffrage : sont-ce là les crimes dont vous me demandez l'aveu ? — Il ne s'agit pas de cela, dit alors le président ; l'impiété qui, aux yeux de l'Eglise, est le plus grand des crimes, s'est enracinée dans votre âme, damnée à jamais, et vos écrits fourmillent d'hérésies, dont la moindre mérite la mort ; mais vous pouvez encore espérer quelqu'indulgence : nommez-nous vos complices ; dénoncez au saint tribunal ceux qui ont imbu votre esprit de ces principes abominables ; rentrez, par ce moyen, dans la voie du salut, et vous verrez que nous ne voulons pas la mort du pécheur. — La raison et ma conscience sont mes seuls complices, répondis-je encore ; d'ailleurs je ne crains pas la mort, et puisque je ne peux l'éviter, je l'attends avec résignation. — Oui-dà ! reprit le président..... Ces gens s'imaginent qu'il suffit de mourir pour expier leurs crimes. Oh ! oh ! nous saurons bien vous faire parler. » Alors il frappa sur la table ; aussitôt la porte s'ouvrit, et deux hommes entrèrent. Comme j'avais les mains liées, il me fut impossible de faire la moindre résistance. L'un de ces bourreaux me fit asseoir sur une escabelle, tandis que l'autre me lia les jambes avec une forte corde ; après ces premiers préparatifs, ils prirent chacun un énorme marteau ; placèrent un coin de fer entre mes genoux, et frappèrent dessus alternativement, jusqu'à ce que la douleur m'eut fait perdre connaissance. Lorsque je repris mes sens, on me réitéra l'ordre de nommer mes complices, ce que ne pouvant et ne voulant pas faire, on me renvoya dans le cul-de-basse-fosse, en m'annonçant que le lendemain était destiné à de nouvelles cruautés, dont je devais être la victime, et qui seraient répétées jusqu'à ce que je révélasse le nom de mes prétendus complices.

Le gardien, qui m'avait conduit devant le tribunal exécrable, m'aida à regagner mon trou, car mes jambes étaient dans un état si pitoyable que je ne marchais qu'avec peine. Lorsque je fus rentré, cet homme, au lieu de se retirer selon sa coutume, s'assit près de moi et se mit à pleurer amèrement ; cette conduite m'étonna, et je lui en demandai l'explication. — « Hélas ! me répondit-il, je ne suis point fait pour servir d'instrument à la bar-

barie de ces prêtres! le hasard seul m'a conduit dans les prisons du Saint-Office. Je fus élevé chez les révérends pères Jésuites de Madrid ; j'y étais encore lorsque l'Inquisition, manquant de sujets, chercha à en recruter. Vous savez, continua-t-il, que lorsqu'il s'agit de maintenir leur autorité, tous les ordres religieux sont d'accord : les Jésuites avaient donc intérêt à soutenir l'Inquisition ; ils firent dès-lors tous leurs efforts pour lui procurer les hommes qui lui étaient nécessaires ; je cédai, ainsi que plusieurs autres, à leurs instigations, et fus envoyé ici ; mais je ne tardai pas à me repentir de ce que j'avais fait, et les horreurs, dont je suis le témoin chaque jour, ne servent qu'à me rendre ce séjour plus odieux. — Mais, lui dis-je encore, qui peut vous forcer de rester ici ? — La crainte d'abord, car s'il m'arrivait de quitter l'Inquisition, je ne tarderais pas à être victime de sa fureur : il aurait fallu, pour l'éviter, quitter l'Espagne, et je n'en avais pas les moyens ; mais, continua-t-il, si vous êtes disposé à me suivre, j'ai maintenant assez d'argent pour passer en Angleterre, où j'ai un oncle qui se fera un plaisir de me garder près de lui.

Je ne savais ce que je devais penser de cette offre, continua Babilo ; ce pouvait être un piége que me tendaient mes ennemis ; mais je réfléchis qu'il ne pouvait m'arriver rien de pis que la question ou la mort, et je dis à cet homme que j'acceptais sa proposition avec reconnaissance.

En conséquence, l'exécution du

projet fut fixée pour la nuit même, et mon libérateur me quitta pour tout préparer.

Mon cœur s'était de nouveau ouvert à l'espérance, et j'attendis la nuit avec impatience. Enfin elle vint, et le gardien, fidèle à sa promesse, me pressa de le suivre. Après avoir parcouru des souterrains immenses, nous arrivames à une grille de fer, dont mon conducteur s'était procuré la clef, et nous nous trouvâmes dans un jardin assez vaste, que j'appris être celui du grand inquisiteur. Il nous fut facile, au moyen d'une lime et de quelques crochets, de sortir de ce lieu, et nous primes en toute hâte la route de Cadix, où nous nous embarquâmes pour l'Angleterre. Arrivés à Londres, mon généreux libérateur me donna une partie de l'argent comptant qu'il possédait, et, me souhaitant toutes sortes de prospérités, il continua son voyage pour l'Irlande, où il apprit que son oncle s'était retiré.

La réputation d'indépendans, dont jouissent les habitans de la Grande-Bretagne m'avait séduit ; cependant je ne fus pas longtems sans apercevoir les nombreux préjugés dont ce peuple est encore imbu. Je résolus de mettre la dernière main au grand œuvre de sa régénération, en déracinant ce reste de préjugés. Des êtres raisonnables, et vraiment amis de la liberté m'eussent élevé des autels..... ceux-ci m'envoyèrent en prison, et Dieu sait quand j'en sortirai. »

D'après tout ce que vous venez de débiter, dit alors Alexis, je comprends que la manie de plaider a ruiné votre père, et que celle d'écrire a causé vos malheurs. Vous vous trompez, repliqua Babilo, mon père était bien l'homme le plus pacifique du monde entier, et ce que vous appellez *manie d'écrire*, n'était que le desir d'éclairer les hommes sur leurs propres intérêts ; mais l'expérience m'a fait connaitre l'inutilité de mes efforts, et je voue désormais le stupide genre humain à son aveuglement. — Et moi s'écria Alexis, si Dieu me fait la grâce de me tirer d'ici, je renonce pour toujours aux voyages, et je retourne en France, où il me sera bien permis d'ajouter un I à mon nom ; sans craindre d'être assommé par la populace.

C'est ainsi que bien des gens s'attirant des persécutions par un zèle mal entendu, s'en prennent à la corruption des hommes : le fils d'un tapissier s'avise de vouloir régenter l'univers ; ses principes, auxquels on n'était pas préparé, paraissent dangereux, on les rejette, et notre redresseur de torts accuse ses contemporains de sottise et de méchanceté..... *que ne faisait-il des fauteuils ?*..... « Mais, me dira-t-on, un citoyen éclairé, doit compte de ses lumières à la postérité. » Je répondrai à cela, que ces hommes éclairés doivent tout attendre du tems et de la raison ; que cette dernière a déja fait un grand pas parmi nous, et que les philosophes raisonnables devraient se contenter d'empêcher la rétrogradation de cette fille de la vérité.

Au bout de quelques jours de captivité, Alexis et Babilo furent jugés et condamnés à quitter les États Britanniques. En conséquence, les nouveaux amis prirent ensemble la route de Calais où, grâce au violon d'Alexis, qui, en faisant danser la gigue aux paysans anglais, avait trouvé le moyen de pourvo'r aux besoins du voyage, ils arrivèrent sains et saufs.

Cependant, comme on n'est pas plus avancé en France qu'en Angleterre, quand on n'a pas le sou, Babilo se fit maître de langue, et Girodini maître de musique, car dans ce tems les maîtres ne s'étaient pas encore revêtus du titre pompeux de *professeurs*, et les élèves n'y perdaient rien. Or, comme il est reconnu dans notre bonne France que tout ce qui nous vient de nos voisins d'outre-mer est parfait, il était clair que deux hommes qui arrivaient de Londres, étaient de beaucoup supérieurs à ceux qui n'avaient point traversé la Manche. Aussi furent-ils bientôt en vogue dans la haute société de Calais. Les ariettes d'Alexis étaient sur le pupitre de chaque belle ; tous les beaux esprits suivaient les cours de Babilo, et l'abondance régnait au logis.

Néanmoins cette prospérité ne pouvait empêcher Girodini de penser souvent aux momens délicieux qu'il avait passés près de Zéphirini : il sentait que quelque chose manquait à sa félicité.

> C'est toujours quelque chose
> Qu'un joli souvenir,

dira-t-on ; oui, sans doute, lorsqu'on est dans l'impossibilité d'avoir autre chose que des souvenirs ;

mais qu'est-ce que cela pour un homme de vingt-cinq ans ? Je le demande à tous ceux qui ont su jouir de la vie ; ils répondront qu'à cet âge le souvenir du plaisir enflamme le cœur, double les desirs, et voilà précisément ce qui en arriva.

J'ai dit qu'Alexis était devenu la coqueluche des gens du bon ton ; et comme un président de province était alors rangé dans cette classe, madame la présidente Dulong-Bourg faisait donner des leçons de musique à sa fille Virginie, par le maître à la mode. La jeune écolière, dont les trois premiers lustres étaient à peine surpassés de deux ans, joignait à beaucoup d'esprit naturel une éducation passable pour le tems, une douceur angélique, et des yeux !....... oh ! mais des yeux !...... comme Vénus rsqu'elle attendait Mars ; comme

Danaé lorsqu'elle fit tourner la tête à Jupiter ; comme sainte Thérèse à l'approche de ses plus délicieuses extâses ; et tels, enfin, qu'ils eussent damné un saint quatre fois plus saint que le grand saint Antoine, de très-chaste mémoire. Je demande après cela si Alexis n'était pas bien excusable d'avoir cédé à des tentations si violentes ? car vous saurez enfin qu'il devint éperduement amoureux de la belle Virginie. Ses yeux furent bientôt les interprêtes de son cœur, et la jeune élève fit des progrès si rapides, dans l'étude de cette langue, qu'elle soutint bientôt la conversation, et que notre virtuose comprit qu'il pourrait facilement atteindre au bonheur suprême.

Cependant, comme depuis que la bonne loi naturelle est bannie de la terre, il n'est pas permis de prendre certain *plaisir* en public, et que les parens ont la manie de trouver mauvais que leurs enfans disposent d'un *bien* qui leur appartient pourtant plus qu'à ces parens grondeurs, il fallait avoir recours aux expédiens ; heureusement les amans sont toujours en fonds sur cet article, et Alexis en choisit un qui, pour être vieux, n'en était pas moins bon.

Madame la présidente était une grande brune, d'environ quarante-cinq ans, qui avait autrefois fait de grandes passions, et qui, en perdant ses charmes, avait conservé toute la coquetterie de son jeune âge. Girodini étudia le caractère de la dame ; reconnut le côté faible, et dressa ses batteries. Il commença par les œillades, car de tout tems ce fut là le début ; ensuite les petits soins, les lieux communs, etc. Madame Dulong-Bourg prit feu, et, en quatre jours, l'intrigue fut réglée.

Alexis se consolait des plates douceurs qu'il était forcé de débiter à la mère, en donnant à la fille des leçons un peu plus longues. Babilo qui était dans la confidence, composait de jolies romances qu'Alexis mettait en musique, et qui peignaient à Virginie les transports de son amant. Je pourrais bien gratifier le lecteur des vers de Babilo; mais la poésie n'étant plus à l'ordre du jour, j'ai cru devoir les suprimer. *La prose parle, et la poésie peint*, disait un homme dont le jugement en valait bien un autre; mais aujourd'hui on parle beaucoup pour ne rien dire, et voilà pourquoi la prose est préférée. Ce n'est pas qu'il ne soit un peu drôle d'entendre un empereur Romain reciter des vers français, et un laquais faire, à une soubrette, une déclaration en alexandrins: *Chaque âge a ses plaisirs.*

De son côté, la petite apprenait avec tant de facilité, saisissait toutes les allusions avec tant d'enthousiasme, qu'Alexis en perdait la tête.

On était au mois d'août, et la fête de sainte Marie, illustre patronne de la présidente, approchait. Babilo avait fait à cette occasion des vers dans lesquels il s'était surpassé, et qui furent embellis de tout le talent du musicien.

Le grand jour arriva. Girodini, à défaut d'artistes, s'était adjoint deux fifres et un tambour de la garnison, qui, après quinze jours d'étude, étaient parvenus à faire assez passablement leurs parties.

Minuit sonne. C'est l'heure de prédilection des amans. La troupe arrive, ainsi composée, sous les fenêtres de monsieur Dulong-Bourg. D'abord Alexis avec son violon, ensuite les deux fifres, puis le tambour, et enfin Babilo, qui avait une très-belle haute-contre, et qui n'était pas fâché de voir l'effet de ses vers.; car enfin, il était auteur..... c'est tout dire.......

Le chef d'orchestre donne le signal, et la sérénade commence. Madame Dulong-Bourg qui, comme de raison, avait lu beaucoup de romans dans sa vie, qui en lisait même encore tous les jours, savait qu'une jolie femme, si elle aime celui qui la fête, peut se montrer au balcon sans que cela tire à conséquence ; elle se leva donc, transportée d'amour, et fut se planter à la croisée, tandis que le bon président, enchanté des honneurs qu'on rendait à sa chère moitié, prit ses pantoufles, sa robe-de-chambre; appela Lucas, qui était tout-à-la-fois valet-de-chambre, laquais et portier, lui ordonna d'aller à la cave chercher quelques bouteilles qu'on réservait pour les grandes occasions, et fut lui-même ouvrir les portes aux musiciens qu'il invita gracieusement à entrer.

Cependant, Lucas, qui ne trouvait pas souvent de pareilles occasions, commença, en entrant au caveau, par boire rasade à la santé de sainte Marie, qui lui procurait cette aubaine ; il trouva que cela valait mieux que le cidre dont-il faisait son ordinaire, et il en but une seconde, une troisième; enfin lorsqu'il remonta, il commençait à chanceler. Heureusement le président, tout occupé de ses convives, ne s'en aperçut pas; et chacun se mit à fêter les flacons de telle sorte qu'en un instant tous furent vidés.

Monsieur Dulong-Bourg qui, ainsi que les autres, commençait à voir double, ne voulut pas rester en si beau chemin; il appela Lucas et l'envoya une seconde fois visiter le caveau. Celui-ci commença de nouveau à sabler le Bordeaux, ce qu'il fit avec tant d'ardeur que bientôt ne pouvant se soutenir il tomba à la renverse, et se mit à ronfler de manière à ébranler les voûtes.

Le patron, ne concevant rien à la lenteur de Lucas, court à la cave, appéle..... personne !...... Or comme un président peut être brave, et que celui-ci, qui dans sa jeunesse avait été l'un des plus fameux breteurs des environs, se piquait de l'être, il descendit courageusement l'escalier. A peine est-il arrivé au bas, que le ronflement se fait entendre. Notre homme avance à tâtons ; mais les jambes de Lucas s'embarassent tout-à-coup dans les siennes, il perd l'équilibre, sa tête va frapper sur un tas de bouteilles et la douleur lui fait perdre connaissance.

Au bout de quelques minutes, Alexis, étonné de l'absence de monsieur Dulong-Bourg, sort de la salle à manger, où tout le monde était réuni, pour voir ce qu'il était devenu, il monte un étage et passe devant la porte de sa bien aimée. Celle-ci, qui avait été réveillée par la sérénade, s'était levée pour mieux entendre, et avait été se placer à une petite fenêtre qui se trouvait dans un corridor contigu à sa chambrette ; mais ayant entendu le président se lever, la promptitude avec laquelle elle était rentrée lui avait fait oublier de mettre sa vertu sous la sauve-garde des verroux. Alexis, qui marchait à tâtons, étend un bras de ce côté, et n'est pas peu étonné de trouver ouvert un lieu qui, selon lui, renfermait un trésor inestimable ; son cœur battait avec violence....... entrera-t-il ?..... la prudence disait non ; mais l'amour disait oui, et ce dernier est si persuasif !....... Il entre donc, et tout son être frissonne de plaisir ; il veut parler, les expressions lui manquent...... Mais Virginie, la tendre, la sensible Virginie avait, par sa croisée, reconnu son amant, et lorsqu'elle entendit Alexis marcher dans le corridor, elle ne put s'y méprendre: C'est lui! se dit-elle, il vient me répéter ce que ses yeux et ses chansons m'ont dit tant de fois..... il vient me presser de céder à ses transports..... ah! qui, plus que lui, mérite d'être aimé? qui, mieux que mon Alexis, devrait être heureux?..... je le sens, lui seul peut me faire goûter le souverain bonheur!..... sa vue me fait tant de plaisir!....... sa voix dilate mon cœur..... et s'il me parlait sans témoins, oh! qu'il serait éloquent!... car il m'aime!..... oh! mais il m'aime!..... et moi!

Elle n'en dit pas davantage. Alexis s'était approché du lit; il avait prononcé le nom de Virginie;

sa main avait rencontré celle de son amante, et celle-ci ne songeait pas à la retirer..... un soupir se fait entendre..... un soupir y répond..... leurs bouches se cherchent....,. leurs âmes se confondent..... et le Dieu protecteur des amans les couvrit d'un voile impénétrable aux regards des profanes !.....

Tandis qu'ils goûtaient le bonheur suprême, Babilo, étonné de la disparution subite de son ami, craignit quelque catastrophe, et résolut de le chercher. Il monte, et sans plus de cérémonie, il entre dans la chambre à coucher de madame la présidente ; celle-ci, s'imaginant qu'Alexis a trouvé le moment de lui prouver son amour, autrement que par des mots, se prépare à le rece-

voir en vainqueur. « Ah ! mon cher Alexis, dit-elle à demi-voix, quelle imprudence !.... » Babilo comprit sur-le-champ le sens de ces paroles; mais comment va-t-il se tirer de là ?.... désabuser la dame, c'était mettre Alexis dans l'impossibilité de reparaître chez monsieur Dulong-Bourg ; faire le rôle d'amant... à la bonne heure ; mais on n'est pas toujours disposé à jouer ces rôles-là avec une femme de quarante-cinq ans... Il avance, recule, hésite ; enfin l'amitié l'emporte, la présidente fut heureuse, et le président fut.....
« Eh ! monsieur l'auteur, que fut le président ? — Ma foi ! mon cher lecteur, je crois qu'il fut ce que fut Vulcain lorsque Vénus lui eut donné sa main; ce que fut Ménélas lorsque Pâris lui enleva son Hélène; enfin,

il gagna une maladie qui est assez commune, car : *Peu s'en plaignent, beaucoup en vivent.*

Cependant Girodini, pensant aux conjectures que pourrait faire naître une plus longue absence, s'arracha des bras de la sensible Virginie. Babilo, pressé par le même motif, sauta lestement en bas de la couche nuptiale, et madame Dulong-Bourg, qui depuis longtems n'avait pas été fêtée si complètement, conduisit le prétendu musicien jusqu'à la porte de l'appartement. De son côté le bon mari, ne voyant venir personne à son secours, avait pris le parti de se relever lui-même, et regagnait, clopin, clopant, le lit qu'il regrettait beaucoup d'avoir quitté. Dans ce moment la lune vint éclairer la scène.

« Alexis ! s'écria imprudemment Babilo en apercevant son ami, d'où

diable venez-vous donc ?........
— Alexis ! s'écria la présidente, je suis trahie !.... — Alexis ! reprit monsieur Dulong-Bourg..... et il sort de la chambre de Virginie!.... »

Effrayé de cette triple exclamation, Girodini descendait quatre à quatre, et son ami, sentant l'indiscrétion qu'il vient de commettre, le suit de près. Ils passent dans la salle à manger, où le reste de la société faisait un somme. Alexis jette six francs aux fifres, un petit écu au tambour, et les presse de battre en retraite. Ceux-ci ne se le font pas dire deux fois, et la place est évacuée en un instant.

J'ai dit que le président se piquait de bravoure. C'était un gentillâtre qui, après avoir servi quelques années en qualité de cornette, avait troqué l'épée contre la robe.

Echauffé par les fumées du vin, il se rappela ses *hauts faits*, et résolut de se battre avec le musicien. Car il est reconnu que lorsqu'une fille a perdu sa *rose*, son père ou son frère doit tuer le suborneur qui, après tout, n'a pris que ce qu'on a bien voulu lui laisser prendre ; mais l'honneur est là, et il est clair que, dut-on égorger la moitié du genre-humain, ce ne serait qu'une bagatelle en comparaison de la perte de l'honneur ; car on sait encore que l'honneur d'une famille dépend d'un pucelage de plus ou de moins, et voilà pourquoi tant de gens sont déshonorés. Mais aussi pourquoi mettre un parfum aussi précieux que l'honneur dans un vase aussi fragile....?

Virginie passa le reste de la nuit bercée par les songes les plus vo-

luptueux, car elle était loin de
penser que son père connaissait la
moitié de ce qui s'était passé avec
Alexis, mais il s'en fallait de beaucoup que celui-ci fût aussi tranquille : il pensait aux courts instans
de bonheur qui se rencontrent dans
la vie, il les comparait aux maux
qui affligent l'humanité, et ne trouvait point qu'il y eut compensation
(le divin système de monsieur Azaïs
n'était pas connu alors), et l'atra-
bilaire Babilo, profitant de la cir
constance, se répandait en imprécations contre les préjugés qu'il
accusait, avec quelqu'apparence de
raison, d'être auteurs d'une grande
partie des malheurs qui viennent
fondre sur les hommes ; mais lorsqu'il vit le cartel que le Président
avait envoyé, il pensa devenir fou
tout-à-fait. Il voulait absolument se

battre pour son ami; mais celui-ci n'y voulut point consentir, et se contenta de le prendre pour second.

L'heure du rendez-vous approchait, on se hâta de faire les préparatifs, et de se rendre au lieu indiqué, où monsieur Dulong-Bourg, accompagné d'un champion de la même trempe que lui attendait déjà. Les fers se croisent, Alexis reconnaît bientôt la faiblesse de son adversaire, et se tient sur la défensive; il rompt quelques semelles; le président attribue ce mouvement à la crainte, rassemble toute sa vigueur et se fend sur le musicien. Celui-ci pare, et en relevant le fer, il enlève au bout de son épée, la perruque du Magistrat, ce qui ne fait qu'augmenter la fureur de ce dernier. Alexis, voyant qu'il n'était pas disposé à cesser de sitôt, le presse à son tour, et le force de rompre; une pierre roule sous le pied de monsieur Dulong-Bourg, il perd l'équilibre et tombe; aussitôt Alexis jette son arme, et présente la main au père de sa maîtresse.

Le président, malgré son esprit brettailleur, était un bon homme, par excellence, ce trait de générosité l'attendrit; il oublie la virginité de sa fille, que la mort de tous les hommes ne pouvait lui rendre, embrasse son jeune adversaire, que dès-lors il veut nommer son gendre, et qu'il presse de faire les préparatifs nécessaires pour le mariage qui doit l'unir à la tendre Virginie.

« Mon cher Girod, lui dit-il, je reconnais la sottise de cette distinction de rang à laquelle on attache tant d'importance : la noblesse ne réside, point dans les parchemins poudreux ; c'est dans l'âme qu'il faut la chercher, et la vôtre est la plus noble qu'on puisse rencontrer. J'ai toujours pensé que les hommes étaient pétris du même limon, j'étais même assez disposé, malgré mes titres, à raisonner autrefois sur les préjugés et à les combattre ; mais un saint homme, directeur de ma femme, m'assura que la philosophie était incompatible avec le salut de l'âme. Je pensai alors qu'il valait mieux être ignorant que damné, et je cessai mes réflexions philosophiques.

Cependant, je sens maintenant que mon abbé pouvait fort bien se tromper : *L'erreur est le partage des hommes.* Vous aimez ma fille, et ma fille vous aime ; je ne vois rien là que de très-naturel, et Dieu ne saurait trouver mauvais qu'on obéit à la nature, qui est son ouvrage. Enfin tout bien pesé, ma fille est votre épouse *de fait*, et elle le sera *de droit*, car je le veux ainsi. »

On voit que monsieur Dulong-Bourg, tout noble qu'il était, avait quelquefois le sens commun.

« Bravo ! bravo ! monsieur le Président, s'écria Babilo, vous me reconciliez avec le genre humain, et je commence à croire que la raison n'est pas tout-à-fait bannie de dessus la terre.

Alexis ne disait rien ; ses yeux étaient humides, sa poitrine gonflée, son teint animé ; il pressait sur son cœur la main de monsieur Dulong-Bourg, et chacun se retira fort content de ce qu'il avait fait.

Le magistrat s'empressa de raconter, à sa fidèle moitié, l'action généreuse d'Alexis, et lui fit part de la résolution qu'il avait prise de l'unir à sa fille. Quand la foudre serait tombée aux pieds de la présidente, elle n'en eût pas été plus consternée. Elle voulut parler; mais sa bouche demeura ouverte sans pouvoir articuler un mot ; son visage devint alternativement pâle, rouge et violet, et elle allait probablement étouffer, si un débordement d'imprécations n'eut enfin trouvé passage : « Quoi! s'écria-t-elle, ce n'est pas assez que ce monstre ait déshonoré Virginie? Vous voulez encore afficher notre honte !...... Allier votre nom à celui d'un aventurier, d'un charlatan ?.... d'un homme sans naissance, sans fortune ?.... Monsieur le président, vous êtes un lâche! la peur seule a pu vous aveugler à ce point..... »

Madame Dulong-Bourg en dit encore bien long sur ce chapitre ; mais je ne peux me résoudre à rapporter tout au lecteur, de peur de l'empêcher de prendre une femme, s'il n'en a déjà une. Enfin elle termina, en protestant que cette union n'aurait pas lieu, attendu qu'elle ne le voulait pas.

Le président ne put s'entendre qualifier de lâche sans entrer en fureur ; mais cela se calma promptement, car, dans ce bon tems, les femmes menaient leurs maris par le bout du nez, ce qui est encore assez commun de nos jours, et ce qui passera de génération en génération ; c'est au moins ce que ces dames espèrent.

Pendant ce tems Alexis écrivait à son père; lui demandait pardon des chagrins qu'il lui avait causés, et finissait par le prier de se mettre en route sur-le-champ, afin d'assister à ses noces avec la fille du président de Calais.

Le bonhomme Girod avait d'abord été furieux de la disparution de son fils ; mais on n'est pas père impunément. Il avait craint de le perdre, et il le retrouvait soumis, et sur le point de s'allier à une famille de condition ; c'en était plus qu'il n'en fallait pour lui faire oublier tout ressentiment ; il partit sans délibérer.

Le lendemain Girodini, brûlant d'amour, de desirs, d'impatience, se présente chez son futur beau-père. Le portier lui apprend qu'il n'est pas visible; une seconde visite, même réponse; une troisième, une quatrième, néant; enfin Lucas lui dit net qu'il avait ordre de lui refuser la porte. Alexis ne conçoit rien à une conduite si extraordinaire, et veut entrer, afin d'en obtenir l'explication. Il avait déjà franchi quelques marches, lorsque monsieur Dulong-Bourg se présenta sur l'escalier, apprit en deux mots, à notre amoureux, que madame la présidente n'approuvant pas cette union, il n'y fallait plus penser, et il lui tourna le dos, sans attendre de réponse.

Alexis se retire accablé; à peine a-t-il la force d'apprendre son malheur à Babilo, et celui-ci se mit de nouveau à brailler contre les préjugés, la sottise ou la faiblesse des hommes.

Cependant le père Girod avançait, et il arriva deux jours après cette nouvelle catastrophe. Il trouva son fils au lit, qu'une fièvre ardente l'avait forcé de garder. Babilo lui apprit, en deux mots, le tour qu'avaient pris les choses. Le bon père était un homme tout rond, vif ; le mépris des Dulong-Bourg le rendit furieux ; il voulut leur en demander raison sur-le-champ. Le voilà parti sans savoir ce qu'il va dire, ce qu'il va faire, qu'importe..... son fils souffre ; chaque instant double son mal, et le père de Virginie en est cause : il n'en fallait pas tant pour l'animer. Il entre : «Monsieur le président, vous êtes un homme sans parole!.... — Monsieur, qui êtes-vous, pour ôser.... — Monsieur le président, je suis père d'Alexis. — Votre fils, Monsieur, est un garçon de mérite ; mais vous sentez que la distance de rang..... Ma famille, d'ailleurs, ne me pardonnerait pas une telle mésalliance. — Donc vous n'avez pas de parole. — Monsieur, s'écria alors le président, qui commençait à s'échauffer, je ne sais point souffrir d'insulte. — Eh bien ! Monsieur, je vous en ferai raison, et, si je succombe, vous aurez l'honneur d'avoir tué le père et le fils ; car Alexis ne survivra pas à la double perte de sa maîtresse et de son père. »

Ce tableau désarma monsieur Dulong-Bourg : il sentit sa colère s'évanouir, et une larme vint mouiller sa paupière. — Monsieur, reprit-il, je dois la vie à votre fils, si je puis sauver la sienne au prix de ma tranquillité, qu'il vive : l'inégalité des conditions ne doit pas être une barrière pour la reconnaissance. — Des conditions, Monsieur !.... est-il, je vous prie, des titres qui l'emportent sur celui d'homme de bien ?.... Le père d'Alexis n'est ni comte, ni marquis; mais cinquante ans d'une vie irréprochable, d'un probité à toute épreuve, lui ont acquis l'estime dont il jouit : il ne doit point à ses ancêtres la considération dont l'honorent ses concitoyens. Voilà, Monsieur, des parchemins qui ne craignent ni les rats, ni le feu.

— » Je sais, répliqua le président, que de là dépend le repos de ma vie; mais j'ai honte de ma faiblesse, et je prouverai enfin que je suis homme. »

Dans ce moment la présidente entra; son époux en prit occasion de lui apprendre la nouvelle résolution qu'il avait prise, et lui défendit, d'un ton de maître, de mettre la moindre opposition à ses volontés.

Madame Dulong-Bourg était vaporeuse, comme toutes les coquettes ; peu s'en fallut que cette scène ne lui occasionnât une attaque de nerfs ; mais une femme a toujours l'esprit du moment, et elle pensa qu'il valait mieux feindre la résignation, afin de travailler plus sûrement à faire échouer le projet : « Que votre volonté soit faite, répondit-elle. » Et elle se retira pour méditer sur cette importante affaire.

CHAPITRE VII.

Suite de l'Histoire de l'Oncle Girod.

L'ESPÉRANCE rendit la santé à Girodini, il lui fut permis de revoir Virginie, et on pressa les préparatifs de leur union, tant à cause de l'impatience des amans, que par crainte des suites fâcheuses qui pourraient résulter de l'aventure de la sérénade.

La présidente semblait voir tout cela d'un œil indifférent, seulement, elle évitait de se rencontrer avec le perfide dont la vue n'eût pas laissé que de lui causer quelqu'embarras.

Enfin l'heureux jour est arrivé, le flambeau de l'hymen brille de tout son éclat. Monsieur Girod et son fils s'empressent de se rendre à la maison Dulong-Bourg.. ..O douleur !..... ils ne trouvent que le président fondant en larmes ; on le presse de s'expliquer , et l'on apprend que, pendant la nuit, la présidente et sa fille sont disparues, sans qu'aucun indice puisse faire connaître de quel côté elles ont tourné leurs pas. Alexis est atterré ; il accuse le Ciel qui , sans doute , était pour fort peu de chose dans tout cela. Son père, plus sensé, observe que les fugitives n'ayant pas beaucoup d'avance , il serait facile de les joindre promptement ; et Babilo commence de nouveau à raisonner sur l'orgueil et la sottise du genre humain.

Cependant Girodini avait saisi l'observation de son père ; il commence aussitôt une enquête, et apprend que Virginie et sa mère ont pris, à la pointe du jour, la route de Paris, dans une chaise de poste. Notre Ménélas, sans perdre un tems précieux, demande des chevaux et vole sur les traces de sa maîtresse, qu'il n'est pas assez heureux pour atteindre..... les femmes sont si légères !......

Il arrive, presque sans s'en apercevoir, dans la capitale de l'univers, où force lui fut de s'arrêter, car *certaine écorchure* en *certain lieu* ne lui permettait pas de galopper de si-tôt.

Le voilà donc, battant le pavé

de Paris, dans l'espoir de rencontrer enfin l'objet de sa flamme. Il n'était point de spectacles, de fêtes, de réunions où il n'assistât.......

Point de Virginie; mais en revanche il y trouvait le plaisir sous dix formes différentes, et c'est, je crois, une compensation fort agréable. On peut même présumer, avec quelque raison, qu'Alexis aurait fini par oublier presque totalement le motif de son voyage, lorsqu'une rencontre des plus imprévues lui fit de nouveau battre la campagne.

C'était un jour d'Opéra; notre héros n'en manquait pas un. Pendant l'entre-acte, sa lorgnette se promène de loge en loge; toujours guidé par l'espoir de rencontrer enfin la présidente, il examine attentivement vieilles ou jeunes, laides ou jolies ; tout-à-coup ses regards se fixent, il croit reconnaître les traits..... En effet, c'est-elle ! c'est Zéphirini. Cette découverte ne pouvait manquer de produire quelque sensation sur une imagination aussi ardente que celle du jeune Girod. Il vole près de ses premières amours; il croit éclater en reproches et ne pousse que des soupirs. Cette scène attire l'attention des oisifs : des *bravos* se font entendre du parterre ; les lorgnettes se braquent sur les tourtereaux qui, pour faire cesser le scandale, se retirent sur-le-champ, prennent une voiture, et les voilà, en quelques minutes, dans l'appartement de Girodini.

La virtuose commença l'explication par des larmes : le Baronnet, disait-elle, l'avait enlevée de force, elle n'avait jamais cessé d'aimer son cher Alexis..... comment résister à cela ?.....

L'objet aimé n'a jamais tort.

Girod d'ailleurs ne demandait pas mieux que de la trouver innocente..... Virginie avait fait oublier Zéphirini ; Zéphirini à son tour éclipsa Virginie..... Voilà les hommes !..... voilà les Français : l'idole du jour n'est qu'une ombre que l'aurore du lendemain fait disparaître.

Cependant Babilo, qui avait suivi son ami, continuait à prêcher sa philosophie. Il ne manqua pas de sermoner Alexis sur son inconstance, et sur la facilité avec laquelle il se laissait tromper par une intrigante ; « Oh ! les passions ! les passions ! s'écriait-il à chaque instant. — Eh ! mon ami, lui répondait

Alexis, sans les passions que serait la vie?..... un passage bien ennuyeux, bien insipide! l'amour, l'amitié, l'amour des beaux arts, de la gloire, de la liberté, sont autant de passions dont chacune semble promettre le bonheur à l'homme qu'elle possède; ce bonheur, je le sais, n'est qu'une chimère ; mais, je le répète, sans les passions que serait la vie? plus de desirs, de plaisirs, de commerce, d'industrie ; enfin nous en reviendrions à l'état de *pure nature*..... Faites donc la guerre aux passions tant qu'il vous plaira, mon cher ami, quant à moi je m'écrie avec un certain Diégo, que vous connaissez sans doute ; *ô état de nature! état de nature! tu n'es pas mon état.* Notre philosophe, comme on le pense, ne tint pas grand compte de ce raisonnement, et il entreprit un ouvrage qui fut intitulé : *La mort aux préjugés.* Lorsqu'il y eut mis la dernière main, il confia son manuscrit à Alexis, et lui demanda son avis; celui-ci le trouva farci de raisonnemens à perte de vue, d'une métaphysique obscure, le tout enrichi d'une foule d'injures dont, selon sa très-louable coutume, le docte philosophe gratifiait le genre humain.

« Mon cher Babilo ! dit Girodini à l'auteur, qui lira cet ouvrage?—Parbleu ! des hommes, je pense!—Voilà justement où je vous attendais, s'il tombe dans les mains d'un sot, il ne vous comprendra pas; et si un homme d'esprit s'avise de le lire, sera-ce avec des injures que vous le persuaderez, ou par ces raisonnemens que vous étayez d'une métaphysique dont les bâses sont dans le néant, et dont on chercherait en vain les bornes dans l'immensité où la raison humaine finit toujours par se perdre ? Le mal, me direz-vous, est donc un principe ?..... je vous répondrai qu'il n'est pas donné à mon faible entendement de résoudre des questions de cette importance. Il n'est pas, au reste, d'absurdités sur ce chapitre, dont ne soit accouché un cerveau philosophique.

Un grand homme de notre siècle a écrit : « Dieu peut tout, si non
» de créer une essence aussi pure
» et aussi parfaite que la sienne
» propre. De là le mal ou le mau-
» vais principe dont les hommes
» se plaignent, et sans lequel ils

» seraient heureux et parfaits ; mais
» la perfection les rendrait égaux
» à Dieu, et encore une fois, Dieu
» ne peut rien créer d'aussi parfait
» que lui-même. »

Ne voilà-t-il pas une plaisante assertion ? et n'est-il pas risible qu'un homme, de son plein gré, s'avise de mettre des bornes à la puissance de Dieu ? de cette essence divine dont le pouvoir ne peut se comprendre ?.....

Un autre a dit : « Dieu ne peut
» avoir de passions ; car alors, plus
» de Dieu ; s'il n'a point de passions,
» il ne peut que vouloir le bien et
» l'harmonie : d'où vient donc que
» le mal existe ?..... si Dieu ne
» détruit pas ce mal, c'est qu'il
» n'en a pas le pouvoir ; mais si
» ce pouvoir lui manque, il n'est

» pas Dieu, et l'univers n'est qu'un
» assemblage fortuit de matières
» différentes. »

L'insensé ! une seule question peut le confondre : *Qui donc a créé ces matières ?*

Quant à moi, voilà comment je tenterai d'expliquer cette contradiction : d'abord il me semble que le mal pourrait fort bien ne pas exister, sans que pour cela les hommes fussent aussi parfaits que leur créateur. Mais comment ces hommes pourraient-ils goûter le bien, s'ils ignoraient l'existence du mal ? comment jouirait-on du plaisir de se bien porter, si on ignorait toutes les maladies et les infirmités qui peuvent accabler l'humanité ?... s'il n'y avait pas de pauvres, personne ne serait riche ; s'il n'y avait pas de mal, le bien serait mal. Le bien est comme un éclair dont la lumière devient plus vive à mesure que l'obscurité est plus profonde. Le mal ne sert qu'à rendre mes jouissances plus vives, donc le mal n'est pas sans utilité, et s'il n'existait pas, l'uniformité de notre vie serait insupportable.

Babilo rit de pitié à ce raisonnement de son ami, qui pourtant n'était peut-être pas si mauvais, et n'en retrancha pas une ligne de son ouvrage, qui fut imprimé en peu de tems, et qui valut à son auteur les honneurs de la Bastille, à laquelle, pour le coup, il n'échappa pas, ce qui acheva de lui faire faire divorce avec le bon-sens, et ce qui fut cause qu'on le transféra aux Petites-Maisons, où il mourut, en déclamant contre les préjugés.

Ce coup n'était pas le seul que le destin se préparait à porter à Girodini : peu de jours après la mort du philosophe, il fut de nouveau supplanté près de sa belle, par un mousquetaire.

Alexis, qui était brave comme un Français, appela son rival sur le pré, et fut récompensé de sa bravoure par un coup d'épée qui manqua de l'envoyer *ad patres*.

Il était à peine rétabli que son père, qui était resté à Calais, lui manda que la présidente avait écrit à son mari, et lui apprenait qu'elle s'était retirée en Ecosse, où elle avait marié sa fille avec un vieux baron qui les avait suivies à cet effet.

Peu s'en fallut que tout cela réuni

ne tournât la tête du pauvre Alexis, et il jura de ne jamais s'attacher sérieusement à une femme. Il logeait alors à l'hôtel de Perse : l'hôtesse, agée de plus de cinquante ans, crut sentir que les yeux du jeune Girod faisaient encore jaillir quelques étincelles de son cœur à demi glacé par les ans. Elle avait soigné son jeune hôte, pendant le tems que sa blessure l'avait contraint de garder la chambre; la douceur de son caractère lui plut; elle lui offrit sa main et sa fortune, et Alexis accepta l'une et l'autre. Mais, dans le cœur humain, une passion ne peut être chassée que par une autre, sans quoi on éprouverait un vide plus terrible que toutes les passions réunies. Le plaisir de posséder une bonne femme ne pouvait être qu'accessoire chez Alexis ; l'amour de l'or absorba bientôt toutes ses affections, ce qui fut cause qu'il doubla sa fortune assez rapidement.

Au bout de quelques années, madame Girod paya son tribut à la nature; Alexis, qui l'avait médiocrement aimée, la pleura médiocrement, et ne s'occupa plus que d'entasser de l'or. On dit que cette méthode a eu depuis bien des imitateurs; que la plupart des hommes se consolent facilement de la perte de leur moitié, lorsque la dot leur reste entière. On dit encore que, dans les premières années du dix-neuvième siècle, c'était une spéculation pour les familles que de marier leur filles avec des colonels, des généraux, etc., attendu que, dans le cours de quatre ou cinq campagnes, on pouvait espérer de se remarier pour le moins deux fois, ce qui joignait au doux plaisir du changement, le solide avantage de doubler, ou tripler la dot. Mais pour mon compte, je me garderai bien d'ajouter foi à tous ces mauvais propos; et puis, s'il fallait écouter tous ces impertinens *on dit*, on ne saurait plus auquel entendre.

Au résumé, Babilo philosophait, et il avait raison, parce que la philosophie est le flambeau de la vérité ; mais de philosophe il devint pessimiste, et il eut tort, parce qu'il devait connaître le proverbe : *Primo mihi ;* savoir que les dépositaires de la force en ont fait leur devise, et il dès-lors prévoir ce qui lui arriva, c'est-à-dire la perte de sa liberté.

Alexis aima les femmes, et il eut raison, parce que rien n'est plus aimable que ce sexe charmant ; mais, pour quelques légers désagrémens, il jura de ne plus l'aimer, et il eut tort, parce qu'un autre proverbe dit qu'*il ne faut jurer de rien*, et que d'ailleurs il n'est pas de résolution que ne puisse ébranler un joli minois. C'est au reste ce que je me réserve de prouver par la suite. Après cela, qu'on ne s'avise pas de dire trop haut, que mon ouvrage ne renferme aucune morale, car j'attaque aussitôt en calomnie. Ces sortes de procès sont maintenant en vogue, et j'aime tout comme un autre à me mettre à la mode.

On pourra peut-être, avec plus de raison, me reprocher la faiblesse du style, et la mauvaise conception du plan ; mais sur tout cela j'invoquerai *l'ordre du jour :* c'est maintenant un moyen très-facile pour répondre à toutes sortes de réclamations. Honneur au côté droit et au centre, à qui nous sommes, je crois, redevables de cette précieuse découverte !

CHAPITRE VIII.

Vous savez maintenant, cher lecteur, à quoi vous en tenir sur le compte de monsieur Girod ; vous avez vu que c'était un brave homme, assez crédule, tant soit peu philosophe, et qui avait troqué l'amour des belles, contre l'amour de l'or.

En doublant sa fortune, le bon oncle de Sophie avait aussi doublé ses années ; mais la nature et l'amour ne perdent jamais leurs droits, il faut tôt ou tard s'acquitter envers eux.

Déjà, depuis huit jours, Charles,

Eugène et les jeunes amies reposaient sous le même toît, et passaient des instans délicieux. A la vérité, la timidité d'Eugène n'aurait pas fait fortune près de quelque prude. Il soupirait; mais les soupirs ne sont plus à l'ordre du jour que dans certains momens..... et Dieu sait combien notre tourtereau était loin de ces momens là !.....

Nos dulcinées à vapeurs n'aiment pas à faire la moitié du chemin. Près d'elles, *parler* est d'un sot, *agir* est d'un homme *qui sait son monde.*

Or Eugène parlait peu, et n'agissait pas du tout ; d'où il faut conclure qu'il était heureux d'avoir affaire à une fille de province. Cependant, si celle-ci n'avait point de vapeurs, elle avait un cœur et des sens; car, dans tous les pays du monde, on a de cela, et ceux de Sophie parlaient avec force.

De son côté Elisa avait besoin de tous les secours de la pudeur pour résister à son pressant cousin. Sans les yeux observateurs de l'hôte, je ne sais pas même ce qu'il en serait résulté; car, après tout, une fille n'a pas un cœur de roche.

Tout était donc pour le mieux dans le meilleur des mondes possibles, lorsqu'un caprice du petit Dieu vint troubler l'harmonie. Monsieur Girod crut s'apercevoir qu'Elisa ressemblait beaucoup à cette Virginie qu'il avait tant regrettée. Cette découverte fit briller une étincelle dans son cœur à demi glacé, et dès-lors il ne pensa plus qu'aux moyens de plaire : la toilette, les petits soins, tout fut mis en usage ; mais cela ne rabattait pas une année du demi-siècle qui avait passé sur la tête du bonhomme. Néanmoins les amans sont si ombrageux qu'il n'en fallut pas davantage pour éveiller les soupçons de Charles qui, dès ce moment, épia toutes les actions de son hôte, tandis que celui-ci, qui s'était aperçu de quelques coups d'œil lancés à la dérobée, le surveillait de son côté.

Enfin le bon oncle, après de mûres réflexions, résolut de tenter une déclaration : il choisit à cet effet le moment qu'Elisa consacrait à sa toilette, et se rendit dans sa chambre. Charles, qui avait pris la douce habitude de passer cet instant près de sa cousine, rencontra l'hôte dans l'escalier, feignit de prendre une autre direction, et suivit doucement l'amoureux transi. Bientôt il n'en peut plus douter, une clef résonne dans la serrure, la porte s'ouvre, et notre étourdi monte précipitamment, bien décidé à rompre en visière si ses soupçons sont fondés. Il entre ; mais bien qu'il se fut préparé à être le témoin de quelque scène de ce genre, il ne fut pas peu surpris de trouver monsieur Girod aux pieds d'Elisa ; celle-ci, étourdie de l'action, n'avait pas encore trouvé d'expressions pour faire éclater son étonnement, et le vieux fou, interprétant ce silence en sa faveur, était rayonnant. Aussitôt notre espiègle s'élance sur lui, le saisit par les oreilles, et le force ainsi à garder sa posture. Les cris que la douleur arracha au barbon, attirèrent tous les commenceaux de l'hôtel. « Messieurs, s'écria Charles, aidez-moi, je vous prie à contenir ce vieux fou. — Fou ! reprit monsieur Girod, apprenez, Messieurs que ce n'est que dans l'intention de m'unir à cette jeune personne que..... — Se marier ! interrompit quelqu'un, il est fou, rien n'est plus certain. — Eh ! Messieurs, est-on fou pour se marier ? — Plus que cela, Monsieur, à votre âge on est fou et presque toujours..... vous m'entendez ? — Eh bien ! on s'en moque ! »

Cette réponse provoqua un rire universel parmi les spectateurs, et chacun se disposa à rentrer chez soi.

Cependant, un des garçons de l'hôtel, ayant vu son maître assailli par une douzaine de personnes, s'était imaginé qu'on en voulait à la vie du bon Girod, et, tout d'une haleine, était allé chercher le commissaire, qui ne demeurait qu'à deux pas de là.

L'arrivée de ce dernier fit cesser les joyeux éclats ; et d'une voix sépulchrale, l'aigre-fin s'informa de ce qui causait tant de rhumeur. « Monsieur, répondit Charles, il s'agit de s'assurer de ce fou (il désignait l'oncle de Sophie). — De quelle folie est-il atteint ? — Monsieur, il prétend épouser cette jeune personne. — En ce cas, Messieurs, il n'y a pas lieu à arrestation, car s'il fallait enfermer tous les fous de cette espèce, Paris entier, métamorphosé en Petites-Maisons, n'y suffirait pas. Cette folie d'ailleurs n'a rien d'alarmant....... »

A la vérité, monsieur le commissaire en savait long sur l'article *mariage* : sa chaste moitié avait d'abord été la maîtresse d'un lieutenant-de-police qui, ne se souciant plus de la donzelle, l'avait, au moyen d'une charge de commissaire, fait épouser à l'un de ses sergens.

Quoiqu'il en fut, on s'en tint à cette décision et chacun se retira. Charles descendit au salon, il trouva Sophie au piano, et Eugène près d'elle, soupirant en mesure ; il leur apprit alors ce qui venait de se passer. Rien ne saurait égaler la surprise de Sophie. « Mon oncle épouser Elisa ! s'écria-t-elle, oh ! certes il a perdu la raison. Au surplus la chose n'est pas faite, il s'agit de se roidir contre les obstacles ».

Au même instant Elisa entra toute éplorée : « Hélas ! ma bonne amie, dit-elle à Sophie, que je suis malheureuse ! ma mère va se laisser éblouir par la fortune de monsieur Girod ; si je m'oppose à ses volontés, mes raisonnemens seront traités d'enfantillage, et je serai sacrifiée. — Morbleu ! c'est ce que nous verrons, reprit son cousin ; je ne suis pas, moi, si disposé à lui céder ce que j'ai de plus cher, et s'il me force à agir, j'agirai. — Espérons, repliqua Sophie que mon oncle reviendra à des sentimens plus raisonnables ; dans tous les cas, je ne saurais blâmer les mesures que vous prendrez pour faire échouer son projet. »

Comme elle achevait ces paroles, on entendit quelque bruit, et les deux amoureux se retirèrent dans leur appartement, pour délibérer sur le parti qu'ils prendraient.

Chacun réfléchissait de son côté, lorsque Charles s'écria comme par inspiration : « Mon cher Eugène, retourne à Pontoise, de peur qu'à force de recherches, on ne parvienne à nous découvrir. Tu diras à mon père que je me suis fait soldat, et si monsieur Girod se rend chez ma tante, pour avancer ses affaires, je te charge d'y mettre tous les obstacles que ton imagination te fournira, tandis que, de mon côté je lui taillerai de la besogne. — Mais, mon ami, je ne vois pas trop comment je pourrai te servir. —Sois tranquille, l'amitié t'inspirera, et si ce vieil entêté ne cède pas, tu l'appeleras en champ clos, et un bon coup d'épée nous en débarassera. — Mais je tire fort mal, et... — Sois tranquille, l'amitié te donnera des forces. »

La dessus Charles sortit pour vaquer lui-même aux préparatifs de leur séparation.

« Sois tranquille..... l'amitié..... l'amitié, disait tout bas Eugène, voilà un singulier maître d'armes, et je doute fort qu'il m'apprenne à me mettre en garde. Cependant Charles a raison, je retournerai à Pontoise. Pour lui, qui a l'esprit inventif, il se tirera toujours d'affaire, et je plains ce pauvre Girod de se mettre à dos un homme qui lui fera voir bien du pays, avant que de se tenir pour battu.

Un instant après, Charles rentra, il venait de retenir une place à la diligence ; il pressa de nouveau son ami qui partit sur-le-champ et nous, chers lecteurs, nous allons, si vous le trouvez bon, laisser l'amant d'Elisa aux prises avec son rival, pour suivre de près notre héros timide.....

CHAPITRE IX.

Voilà donc Eugène roulant vers ses Pénates, de compagnie avec deux rentiers et une marchande de modes. Les premiers, habitans de la province, par économie, venaient chaque année passer quelques jours à Paris, pour ne pas perdre de vue les beautés de la capitale; l'autre, placée à côté de l'amoureux, courait la province pour se défaire des chapeaux de l'année précédente.

Eugène, tout occupé de la divine Sophie, avait à peine remarqué ses compagnons de voyage; mais en revanche madame Durand avait, d'un œil scrutateur, considéré les trois cavaliers. C'était une drôle de femme que cette madame Durand, bien qu'ayant atteint son neuvième lustre, elle avait conservé le goût des conquêtes, et ce qu'il y a d'extraordinaire, c'est qu'elle réussissait presque toujours, soit qu'elle convoitât le cœur d'un barbon ou celui d'un jouvenceau. On pourra, si l'on veut, attribuer cela à une grande connaissance de l'art, pour moi, je suis persuadé que le succès dépendait beaucoup du choix qu'elle savait faire ; elle n'ignorait pas que les jeunes-gens, peu avares de plaisirs, cèdent à la première impulsion du desir, lorsque l'objet qui le fait naître n'est pas sourd à sa voix. D'après cela madame Durand se persuada que la conquête de son jeune voisin était chose aisée, et aussitôt l'attaque commença. D'abord on feignit de se laisser aller au sommeil, et, à chaque secousse de la voiture, on se laissait nonchalamment tomber sur le jeune homme ; cette tactique n'opérant aucun effet, on changea de batteries. » — Quelle chaleur insupportable ! je suffoque !..... à cette dernière exclamation l'impassible Eugène tourne la tête du côté de la déesse qui semblait perdre connaissance..... ô heureux âge de l'innocence ! l'ingénu éffrayé, éveilla les rentiers qui dormaient de bonne foi, et les pria de l'aider à porter secours à la dame !.....

Une naïveté de cette force était capable de déconcerter toute autre qu'une marchande de modes ; mais celle-ci savait que :

A vaincre sans péril, on triomphe sans gloire.

Et comme l'honneur, ainsi que je

l'ai dit quelque part, se trouve partout où l'on veut qu'il soit, la princesse tenait à honneur de ne point faire de vaines avances.

On n'était plus qu'à une demie-lieue de la destination, madame Durand déclara qu'elle ferait le reste de la route à pied, pria son jeune Adonis de l'accompagner; et, tandis que nos rentiers éveillés raisonnaient guerre, et faisaient battre le grand Turc avec les Hottentots, la voiture s'éloigna, au grand plaisir de la dame.

Bientôt, sous le prétexte d'éviter la poussière, on quitta la grande-route et on n'avait pas fait deux cents pas qu'il fallut se reposer.

Eugène remarquant le visage animé de sa compagne, avait peine à comprendre qu'elle fut malade, et pourtant cette dernière se plaignait de souffrir davantage. Enfin un léger fichu, déjà dérangé à dessin, tombe et laisse voir deux globes dont la blancheur faisait oublier quelques rides naissantes. Aussitôt le desir se fait passage, et pénétrant jusque dans le cœur d'Eugène, il en chasse la timidité.

Adieu, douce innocence!..... le souvenir de Sophie ne servit qu'à monter encore l'imagination du perfide..... il ôse imprimer un baiser brûlant sur le piége qu'il ne peut plus éviter..... soudain la syrène l'enlace d'un bras amoureux..... et la nature fit le reste!......

Cependant la nuit commençant à déployer ses voiles, il fallut songer à se diriger vers la ville.

Eugène venait d'acquérir de grandes connaissances! Pour lui,

l'amour n'avait plus de secrets : il avait touché au but des desirs que ce dieu fait naître, le bonheur n'avait brillé qu'un instant, et, soudain, desirs, plaisirs, ivresse, tout était rentré dans le néant!...... »
Qu'est-ce donc que le bonheur ? se disait-il ; un fantôme de l'imagination, une ombre qui s'éloigne au moment où le mortel s'apprête à la saisir. J'adore Sophie ; mais lorsque mes transports auront vaincu l'obstacle que leur opposent la pudeur et l'innocence, je la verrai sans desirs ! ce feu qui embrâse mon cœur, s'éteindra dans les bras de celle qui le fit naître! et l'amour viendra mourir dans son berceau !..... ô nature humaine que tu es pauvre !......

C'était, comme on le voit, un

raisonneur que monsieur Eugène, et pour un raisonneur de dix-sept ans, il s'en acquittait assez bien.

Quant à madame Durand, elle était tellement familiarisée avec ces sortes d'événemens que, loin de regretter le passé, elle aurait volontiers répété la scène qui, selon elle, était le plus agréable passetems qu'on put imaginer. Elle avait aussi sa philosophie madame Durand, car cette philosophie est encore un mets que l'on accommode à toutes les sauces ; toutefois, à défaut de principes, on conviendra que la sienne ne laissait pas d'avoir quelqu'agrément.

Après une demie-heure de marche, pendant laquelle il ne se passa rien de remarquable, on arriva à Pontoise. Madame Durand descendit à l'auberge du Grand-Cerf, et Eugène, après avoir promis à sa nouvelle connaissance de la revoir le lendemain, se rendit à la maison paternelle.

Le père Evrard, furieux de l'équipée de son fils, le reçut avec une sévérité qui pensa faire mourir de peur le pauvre Eugène. Il se radoucit pourtant un peu, et prenant tout-à-coup l'air grave qu'il jugea convenable en cette occasion, il parla en ces termes.

« Une entière soumission, Monsieur, peut seule me faire oublier votre conduite passée. Vous avez fait d'assez bonnes études, il faut maintenant songer à en tirer parti : votre oncle le curé est maintenant bien vieux, c'est un homme pieux, auquel la décadence du pouvoir religieux fait beaucoup de peine; mais ce qu'il y a de plus intéressant, il legue, dans son testament, tous ses biens à celui de ses neveux qui entrera dans les Ordres. Je prétends donc, Monsieur, vous envoyer au Séminaire afin de vous préparer à devenir l'héritier de votre oncle. — Mon père, répondit Eugène, je suis prêt à faire ce que vous exigerez de moi ; cependant je dois vous prévenir que je ne me sens pas de vocation pour l'état éclésiastique. — Bah ! bah !..... vocation..... sottise que cela, Monsieur. — A la bonne heure ; mais je vous ferai observer que je serai un fort mauvais prêtre. — Pourquoi cela, s'il vous plait ? — D'abord j'ai de grandes dispositions à aimer le beau sexe. — Eh bien ! Monsieur, aimez le beau sexe tant que vous voudrez ; pourvu que vous soyez ordonné, il s'agit bien, morbleu! de toutes ces futilités. Où avez-vous vu d'ailleurs qu'un prêtre n'aimât point les femmes ? à la vérité les rites de la religion défendent à ses ministres de se marier ; mais il ne s'en suit pas de là qu'ils doivent être insensibles aux charmes de la beauté. L'Evangile, au contraire, ne commande-t-il pas d'aimer le prochain comme soi-même ? — Pardon, Mon père ; mais tout ce raisonnement ne peut me convaincre que l'état éclésiatique soit celui qui me convienne le mieux. — Et quel état vous faut-il donc ? Monsieur le drôle ! — Un état que je puisse exercer sans transiger avec ma conscience, un état qui s'accorde avec les sentimens que la nature a donnés à l'homme, un état, enfin, qui ne me force point à faire divorce avec la raison. — Au diable ! Monsieur le raisonneur, où avez-vous pris toutes ces belles choses ? je gage que le vaurien a lu Voltaire et Rousseau ! — Plus que cela, mon père, Diderot et d'Alembert m'ont aussi éclairé l'esprit. — Et qui vous a procuré ces œuvres infernales ? — Un honnête libraire voisin de monsieur Bridon, m'a confié ces ouvrages sublimes. — Un honnête libraire !..... un honnête libraire, celui qui propage les doctrines de ces âmes damnées, dont le but est de renverser l'ordre social, d'allumer les guerres civiles, et de fouler aux pieds l'autel et ses ministres ! — Il me semble n'avoir rien vu de tout cela dans es écrits de ces grands hommes.

— Comment vous n'avez pas vu cela ?..... qui donc a écrit :

Les Prêtres ne sont pas ce qu'un vain peuple pense
Notre crédulité fait toute leur science. (1)

qui donc à écrit : *ôtez la crainte de l'Enfer à un chrétien, et vous lui ôterez sa croyance* (2). Enfin, Monsieur, je vous défends de jamais ouvrir un livre où il soit question de ces gens là. — Que lirai-je donc pour m'orner l'esprit ? — Ce que vous lirez ! lisez les œuvres immortelles de Bourdaloue, lisez Massillon, la vie des Saints, l'histoire des Croisades ; admirez l'héroïsme de ces preux, bravant la faim, la fatigue et la peste pour

---

(1) Voltaire.

(2) Diderot.

chasser les infidèles de la Terre-Sainte..... mais c'est mettre ma patience à bout..... abjurez vos erreurs, entrez au Séminaire; ou allez, sous le poids de ma malédiction, encenser les idoles qu'enfanta le génie du mal.

L'alternative était foudroyante. Eugène consterné déclara qu'il était prêt à se soumettre aux volontés de son père, et celui-ci, voyant dans l'avenir les bénéfices pleuvoir sur sa postérité, embrassa de joie son cher fils, et lui donna mille bénédictions.

Cependant il s'en fallait de beaucoup que le jeune amant de Sophie partageât le plaisir que sa soumission causait à son père. La nuit qui succéda à cette scène fut terrible: Eugène se voyait isolé de tout ce qui lui était cher, obligé de contraindre ses goûts, de voir ses actions les plus innocentes, scrupuleusement observées; forcé, pour ainsi dire, de remplacer par l'hypocrisie, sa franchise naturelle!.. Non! non! jamais! s'écriait-il; puis, revenant à lui, il continuait: « Mais que ferais-je dans le monde, sans fortune, sans état, poursuivi par la haîne de mon père ?.... En serai-je plutôt possesseur de ma Sophie ?.... Hélas! je le vois, elle est à jamais perdue pour moi! c'en est fait! je me sacrifie, et mes malheurs auront au moins quelqu'utilité puisqu'il satisferont l'auteur de mes jours.

Cependant, monsieur Evrard, ne voulant pas donner le tems à son fils de se repentir de sa soumission, lui annonça son départ prochain pour le séminaire de Saint-Sulpice, où, quelques jours après, il le conduisit lui-même.

Pleurez, pleurez beau sexe, le cloître vous ravit un de vos plus zélés adorateurs ; mais peut-être n'est-il pas à jamais perdu pour vous, peut-être, un jour, brûlera-t-il encore de l'encens sur vos autels! C'est ce que la suite de cette histoire vous apprendra et à moi aussi.

CHAPITRE X.

Voyons maintenant ce que faisait notre étourdi. Toujours à l'hôtel de Perse, malgré monsieur Girod qui se repentait de l'avoir reçu, Charles continuait à lui disputer le terrain pied à pied. Mais tout à coup les affaires changèrent de face, et prirent un caractère tout à fait sérieux. Le bonhomme écrivit à la mère d'Elisa, lui demanda la main de sa fille, et appuya sa demande de vingt milles francs de rentes dont il prétendait avantager sa future. Vingt milles francs de rentes ! c'était trois fois plus qu'il n'en fallait pour tourner la tête de la maman qui aurait, à ce prix, livré sa fille au satyre le plus décrépit; elle ne pouvait voir assez-tôt un homme qui lui voulait tant de bien, et sans délibérer davantage, elle monta en voiture et prit la route d'un pays, où l'on faisait si rapidement fortune.

Charles apprit l'arrivée de sa tante, ce qui ne lui fit pas grand plaisir, car il ne pouvait désormais rester chez monsieur Girod, sans risquer d'être reconnu. Le conseil composé des deux amans et de Sophie, s'assembla sur le champ. Il y fut décidé que Charles prendrait un logement dans l'hôtel qui faisait face à celui de monsieur Girod, de manière à ce qu'il pût facilement observer l'ennemi, et prendre les mesures qu'il jugerait convenables.

Sur la fin du premier jour, Charles aperçut Elisa au balcon.

Aussitôt il descend, passe, repasse sous les fenêtres, et à la troisième fois, un billet tombe à ses pieds. Un billet d'Elisa!.... quel fortune!.... Il court, il vole vers son modeste réduit, franchit en un clin d'œil les cinq étages qui le séparent de la terre..... fatale nouvelle!.... tout était convenu entre monsieur Girod et la mère de la charmante cousine. — Ce soir même, lui mandait-on, le contrat doit être signé. — Ce soir! s'écrie Charles, il n'y a pas un instant à perdre, je cours trouver ce vieil original, je le provoque, je le tue, je..... oui; mais s'il refusait de se battre?...... s'il remettait la partie à demain?...... et ce contrat qu'il doit signer aujourd'hui.

Après avoir réfléchi encore quelques minutes. « C'est cela! reprit-il, je le tiens. Il envoye aussitôt chercl er une voiture de louage, se munit d'une paire de pistolets, s'enveloppe dans une large houpelande, et, dans cet équipage, il arrive à l'hôtel de Perse, et demande à parler au patron. « Impossible, monsieur, répondit le domestique, mon maître est à présent en affaire, et ne peut recevoir personne. — Dis-lui que ce sont des choses de la plus haute importance que j'ai à lui communiquer. — Mais, monsieur, c'est impossible, vous dis-je, il signe maintenant son contrat de mariage, et certes cette affaire doit être, pour le moins, aussi importante que la vôtre. — Eh ! imbécile, c'est justement de ce contrat que je veux parler. Ah ! je comprends, monsieur est le témoin qu'on attend depuis une heure ; mais aussi que ne le disiez-vous.

Sans plus d'explication, le pauvre hère courut avertir son patron qui parut aussitôt. A son approche, Charles relève sa cravatte, enfonce son chapeau, et grossissant sa voix : Monsieur, lui dit-il, vous êtes sur le point de contracter une alliance qui doit amener votre ruine. Je ne puis m'expliquer davantage; mais, si vous voulez me suivre, je vais sur-le-champ vous prouver ce que j'avance. Le bon homme hésita un moment; mais il s'agissait de sa ruine, disait-on, cette terrible menace réveille l'avarice que l'amour n'avait fait qu'assoupir un instant ; il prend son chapeau, et monte dans la voiture de l'inconnu, qui repartit avec la rapidité de l'éclair.

Notre fiancé attendait avec impatience que son compagnon s'arrêtât. Mais lorsqu'il se vit à la porte St.-Martin, il rompit le silence, et voulut savoir où on le conduisait. « Vous allez le voir, lui répondit-on. » Cette voix ne lui est pas inconnue ; à la lueur d'un réverbère, il examine les traits du mystérieux personnage..., ô surprise ! il reconnaît son rival.

« L'impudent, s'écrie-t-il, et il veut le forcer d'arrêter ; alors Charles tire avec beaucoup de sang-froid un des deux pistolets de sa poche, couche en joue son adversaire : monsieur Girod, lui dit-il au premier *mot, je vous casse la tête.*

Bien que le vieil amoureux aimât beaucoup sa future, il tenait encore davantage à la vie. Il allait même proposer à Charles de renoncer à l'hymen ; mais : *au premier mot, je vous casse la tête*, cette épouvantable menace résonnait encore à son oreille, et jugeant plus prudent de se taire, il chercha à exhaler sa colère en grimaces et en contorsions de possédé.

Cependant, après avoir roulé encore quelques instans, la voiture s'arrêta devant une vaste habitation. C'était une maison de santé. La porte s'ouvre. — « Est-ce un malade ? demande le concierge, — Oui, répondit Charles, — C'est faux ! s'écrie monsieur Girod. Mais à peine a-t-il achevé ces deux mots, que le pistolet est de nouveau dirigé sur sa poitrine, ce qui effraya tellement le prétendu malade, qu'il perdit réellement connaissance. Il fut aussitôt transporté sur un lit. » De quelle maladie est-il atteint ? demanda le médecin, —

de la fièvre chaude, répondit Charles, je vous le recommande, mettez près de lui quelque fort gardien, car, dans ses momens de crise, il est furieux. » La dessus, il compta la modique somme de trente francs pour la première quinzaine, et se retira, fort content de son expédition. Quelques instans après, monsieur Girod reprit ses sens, ouvrit les yeux, et voulut se lever; mais le gardien, s'imaginant que c'était l'effet de la crise dont Charles avait parlé, le saisit d'un bras nerveux et le força de rester au lit. — « C'est infâme! s'écriait le pauvre diable, forcer un honnête homme à être malade malgré lui, voilà qui ne se conçoit pas! » Bientôt les médecins arrivèrent de nouveau, l'un d'eux lui tâta le poulx. — « Eh! morbleu! je me porte bien. — Il y a délire, dit gravement le docteur, la diète et les sangsues. — Dieu me damne, reprit notre homme, si vous n'êtes tous des pendards qui vous entendez avec le scélérat qui m'a conduit ici. — Je ne suis pas de votre avis, dit alors le second médecin au premier : il y a aliénation mentale, d'où je conclus que les douches sont dans ce cas le remède le plus efficace. » Là-dessus, grande discussion pour savoir laquelle des deux ordonnances aurait l'honneur d'envoyer le bon Girod *ad patres*. Tandis que chacun des deux champions argumentait de son mieux, pour prouver à son adversaire qu'il ne tuait pas son malade d'après les principes de l'art, le gardien s'endormit, et le patient, jugeant le moment favorable, se laissa glisser dans la ruelle du lit, et se mit à jouer des jambes aussi lestement que s'il n'eût eu que vingt-cinq ans; il traverse la cour, gagne le jardin, et à l'aide d'un espalier, il parvient sur le faîte du mur, qui avait près de vingt-cinq pieds d'élévation; mais que ne braverait-on pas pour échapper aux médecins?

Pour mon compte, j'avoue qu'une bordée de trente-six, lachée à portée de pistolet, m'effrayerait moins que l'aspect d'un de ces messieurs.

Pardon! bon dieu d'Epidaure! mais aussi est-ce ma faute, si tes prétendus disciples tuent les gens au lieu de les guérir?

Monsieur Girod, de son côté, pour échapper aux douches, à la diète et aux sang-sues, se sentait capable d'escalader les tours de Notre-Dame ; aussi ne balança-t-il pas, et sans mesurer la distance, il s'élance à corps perdu vers la terre. Dans ce moment une patrouille de vétérans passait, et le sergent reçut notre homme sur les épaules. — « Halte-là ! coquin ! d'où venez-vous ? — Ma foi ! je n'en sais rien. — Qui vous a mis en cet état ? — Je n'en sais rien. (Le fugitif était nud.) — Je n'en sais rien, je n'en sais rien, voilà un plaisant original ! au moins vous savez pourquoi vous êtes tombé sur mon dos ? — Oh ! certainement : c'est pour ne pas être malade malgré moi ; pour ne pas être saigné ; pour ne pas souffrir qu'on m'administrât les douches, enfin pour me marier et faire pendre tous les scélérats qui veulent que je reste garçon. —Par tous les diables ! cet animal est fou ! s'écria le sergent, conduisons-le au poste, le lieutenant en fera ce qu'il voudra.

Ce lieutenant était un vieux soldat, blanchi dans les camps, auquel on avait donné l'épaulette pour récompense de ses services, et qui certes l'avait mieux méritée que ces preux voltigeurs, à qui le passage de la Manche est compté pour vingt-cinq campagnes. Dès qu'il sut de quoi il s'agissait, il interrogea le prisonnier ; et le tambour, qui écrivait assez lisiblement, remplit les fonctions de greffier, et dressa le procès-verbal, d'où il résultait :
Que monsieur Girod avait été victime d'un guet-à-pens abominable, dont l'auteur était un nommé Char-

les Dumont, lequel avait, le pistolet sur la gorge, forcé le déposant à avoir la fièvre, à se laisser conduire dans un hôpital où il pensa être accablé de douches et de sang-sues, auxquelles ledit sieur Girod n'avait échappé qu'en tombant, par miracle, sur le dos d'un sergent, que sa chute aurait pu tuer. Le tout, embelli d'un style de tambour et d'une rhétorique de corps-de-garde, fut lu à monsieur Girod, qui le déclara véritable, et signa, après quoi on le reconduisit chez lui.

Le rapport fut aussitôt expédié à la police dont quelques agens se mirent aussitôt en campagne, pour découvrir l'espiègle qui s'avisait de donner la fièvre aux gens. Ce dernier, ainsi que je l'ai dit, était rentré fort satisfait de la réussite de son stratagême.

Après avoir passé une nuit beaucoup plus tranquille que son malheureux rival, Charles descendait tout rayonnant, et se disposait à instruire Elisa de ce qu'il avait fait, lorsque trois hommes, qui montaient l'escalier, lui demandèrent où demeurait monsieur Charles Dumont. La mauvaise mine de ces gens, la crainte continuelle où il était que son père ne découvrît sa retraite, tout cela l'éclaira promptement sur le danger qu'il courait : il devina que ces gens en voulaient à sa liberté, et il ne se trompait pas. « Montez au cinquième, répondit-il sans balancer, la porte à droite. » Et soudain il disparaît comme un trait. Cependant les trois exempts arrivèrent à la porte indiquée, qui était précisément celle *d'un certain lieu* ou *certain besoin* avait conduit quelqu'un. Ils frappent... — «Qui est là ? — Ouvrez toujours. — Attendez au moins que je mette ma culotte. — Cela n'est pas nécessaire, ouvrez d'abord. » Aussitôt la porte s'ouvrit, et les pauvres diables s'apercevant qu'ils étaient joués, jurèrent de se venger de la fourberie, et de prendre, mort ou vif, le pauvre Charles avant la fin du jour. Ce dernier, pendant le quiproquo, avait eu le tems de rôder autour de l'hôtel de Perse, espérant voir sa cousine, et lui apprendre tout ce qui s'était passé ; mais à peine a-t-il fait deux pas, devant la porte, qu'il entend crier « Arrêtez le pendard !..... »

Il lève la tête, et aperçoit monsieur Girod qui, de son balcon, l'avait reconnu, et se demenait comme un possédé. Ce fut un nouveau trait de lumière : il vit alors que les exempts étaient à ses trousses d'après la plainte qu'il présumait avoir été portée par son rival. Charles adorait sa cousine ; mais il était Français, et rien ne pouvait lui être plus cher que sa liberté. D'un autre côté, les finances étaient épuisées. — « C'en est fait ! s'écria-t-il, ma chère Elisa, il faut que je renonce au bonheur de te posséder..... J'irai loin de toi courir les hasards de la guerre ; chercher dans les camps à oublier tes charmes, et remplacer les myrthes de l'amour par les lauriers de la victoire ! . . . . »

Accoutumé à délibérer promptement, il tourna aussitôt ses pas vers l'Ecole-Militaire et s'engagea dans un régiment de dragons, où il donna bientôt de nouveaux échantillons de son caractère vraiment français.

CHAPITRE XI.

Depuis deux jours Charles avait endossé l'uniforme ; ses cheveux blonds étaient couverts d'un casque à longs crins, et un large espadon lui pendait au côté. La guerre était de nouveau déclarée à l'Autriche ; la campagne allait s'ouvrir, et le régiment devait sous peu rejoindre la grande-armée.

Notre amoureux partira-t-il sans revoir sa chère cousine, sans lui dire un adieu, peut-être éternel ?... C'est ainsi qu'appuyé sur sa lame, encore vierge, il balançait entre l'amour et le devoir, l'amour-propre était aussi pour quelque chose dans le desir de revoir Elisa : on n'était pas fâché d'être vu en uniforme; car, qui ne connaît l'empire de l'uniforme sur le cœur féminin ?..... Oui ; mais monsieur Girod qui veille sur sa proie..... Bah ! monsieur Girod ! ne voilà-t-il pas un terrible champion ?..... Il dit, et, en cinq minutes, le voilà rue de Richelieu. A mesure qu'il se rapproche de l'objet vers lequel se reportent toutes ses affections, ses desirs deviennent plus ardens, son cœur est un volcan, dont la lave s'élance avec impétuosité : aucun obstacle ne saurait l'arrêter. « Si je trouve ce vieil enragé, se disait-il, je le traiterai comme il le mérite : Monsieur, lui dirai-je, vous êtes un monstre ! vous abusez de l'avantage que vous donne la fortune, pour faire le malheur d'une femme qui n'est pas faite pour un vieux reître de votre espèce. Croyez-moi, renoncez à cette ignoble fantaisie, laissez Elisa disposer de sa main et de son cœur, ou, mille bombes! je vous coupe les oreilles, malgré vos cheveux gris. « Il achevait cette courte, mais énergique harangue, lorsqu'il arriva à l'hôtel de Perse. Il entre, un seul garçon se présente pour le recevoir. « L'ami! dis à ton maître que je desire l'entretenir. — Monsieur, il est absent. — Où est-il donc? — A la campagne, avec toute sa famille. — Quand revient-il? — Ce soir. »

Ces instructions firent changer les manœuvres du jeune militaire. « Diable! pensait-il, si je couchais ici, je pourrais tout à mon aise parler à Elisa. Et parbleu! qui m'en empêche? il est vrai que je manquerai l'appel, que je serai consigné pendant huit jours ; mais qu'est-ce que cela, lorsqu'il s'agit de revoir une cousine qu'on adore? « Hola ! l'ami, mon colonel arrive demain, je suis chargé de faire son logement, il y a sans doute quelqu'appartement de libre ici? — Oui Monsieur. » Aussitôt notre espiègle fut conduit d'étage en étage ; aucun des appartemens ne lui convenait : celui-ci était trop sombre ou trop petit, celui-là trop clair ou trop large, enfin il reconnaît l'appartement voisin de celui de sa cousine..,.. — « C'est là que je logerai, mon ami: le colonel sera fort bien ici. Fais-moi dresser un lit, car je couche toujours dans la chambre de mon colonel, et j'ai d'ailleurs grand besoin de repos. Le garçon obéit sans défiance, et Charles s'endormit, afin d'attendre la nuit avec moins d'impatience.

Enfin le soir arrive, le bruit d'une voiture réveille l'amoureux; il entr'ouvre la fenêtre; c'était monsieur Girod, Sophie, la vieille Marguerite, Elisa et sa mère. A mesure que quelque nouveau personnage sortait de la voiture, le jeune homme éprouvait un sentiment tout différent. La vue de monsieur Girod provoqua sa colère, mais la jolie figure d'Elisa rappela bientôt l'amour et le desir. « Je vais la revoir, se disait-il, lui peindre encore une fois l'amour dont elle a embrâsé tout mon être !...... » Puis il ajoutait tristement : « A quoi cela me conduira-t-il ? Puis-je encore espérer de la posséder ?..... Elisa n'est-elle pas à jamais perdue pour son cousin..... Il me vient une idée, si je l'enlevais ?..... Bah ! ce sont de vieux moyens qui ne réussissent plus ; où irai-je ? d'ailleurs, j'ai à peine deux louis dans mon gousset, et mon uniforme ne me permet pas de voyager impunément..... Oh ! que je suis malheureux ! « Un instant après il rougissait d'avoir eu seulement l'idée de sacrifier son devoir à l'amour, » quoi ! reprenait-il avec indignation, au moment de marcher à l'ennemi, j'abandonnerais les drapeaux que j'ai juré de défendre!...., lâche !,...., suis-je encore digne de porter l'uniforme français?..... l'honneur d'abord, l'amour ensuite voilà désormais ma devise.

Tandis que le jeune écervelé raisonnait ainsi, tout le monde était descendu de voiture, et monsieur Girod apprit qu'un colonel de Dragons avait fait louer un appartement au second. « Au second, marmotait-il entre les dents, un colonel de dragons, logé près de ma future! diable!—Qui a choisi ce logement? demanda-t-il. —Monsieur, c'est un jeune militaire, d'environ dix-huit ans qui l'occupe en attendant son colonel. — Un militaire de dix-huit ans!..... diable!..... il ne fallait pas le loger là. —Ma foi! Monsieur, il n'en a pas voulu d'autre; je lui ai bien objecté que deux petites pièces ne convenaient pas à un colonel; mais il m'a répondu, en fronçant le sourcil, qu'il savait mieux que moi ce qu'il avait à faire. — Diable!..... diable!..... répétait monsieur Girod, voilà qui ne signifie rien de bon!.....»

Cependant l'instant de se séparer arriva, Elisa montait tristement chez elle, en pensant à son cousin. Ses nôces avec monsieur Girod devaient se célébrer dans deux jours, et quelques larmes sillonnaient son beau visage, lorsque Charles parut tout-à-coup à la porte de sa chambre. Elisa effrayée, pousse un cri, et veut fuir ; mais son amant la retient, et tombe à ses pieds : « Refuserez-vous, lui dit-il, de recevoir les derniers adieux d'un homme qui a perdu jusqu'à l'espoir du bonheur ?..... d'un malheureux qui brave tout pour jouir une fois encore du plaisir de contempler les traits que l'amour a gravés dans son cœur ?..... « Elisa attendrie répondit par des larmes ; cependant on pouvait les surprendre dans cette posture, et cela n'eût pas été édifiant pour tout le monde. Ils firent cette réflexion en même tems. Elisa enira chez elle, Charles la suivit, et on n'eut pas la force de l'en empêcher..... O divin Ovide ! passionné Rousseau, et toi, voluptueux Bernard ! prêtez-moi vos pinceaux !... Non, non ! vous me serviriez mal ; mais plutôt que les voiles du mystère séparent un instant ces heureux amans du reste des mortels !...

. . . .

Le jour seul les rendit au sentiment de leur malheur : il fallait se séparer. Charles demanda et obtint le portrait de sa cousine, et bientôt larmes, soupirs et baisers scellèrent leurs touchans adieux.

En arrivant au quartier, notre héros rencontre son brigadier, qui lui ordonne de se rendre à la salle de police ; Charles demande à être entendu ; mais, pour toute explication, Schtronz lève sa cravache.

A ce mouvement, Charles indigné se retourne et met la main sur la garde de son sabre. « Sacredieu! s'écrie Schtronze, un blanc-bec me provoquer!... » Aussitôt il arrache ses galons, et met flamberge au vent ; Charles l'attendait déjà, les fers se croisent, et, à la seconde botte, un large coup de sabre vint sillonner la figure du brigadier. Le colonel qui dans ce moment passait près du lieu de la scène, entendit le cliquetis des armes, et arriva assez tôt pour être témoin de la défaite du brigadier. « Charles, dit-il au vainqueur, qu'il reconnut, rendez-vous à la salle de police, vous y resterez jusqu'à nouvel ordre. » Charles interdit, porte la main à la visière, remet sa lame dans le fourreau et obéit.

Déjà, depuis vingt-quatre heures,

notre héros, livré à lui-même, comptait les instans. Cependant il avait vu sa cousine ; il possédait un gage certain de son amour, cela ne laissait pas que d'alléger les chaînes de sa captivité, qu'il avouait, d'ailleurs, avoir méritée : manquer à l'appel, balafrer un brave et vieux brigadier qui, à la vérité, avait un instant oublié qu'il commandait à des Français, tout cela valait au moins quinze jours de cachot. Charles se résignait donc, et commençait à recouvrer son humeur égale et enjouée, lorsqu'on vint lui dire qu'il était libre, et que le colonel avait à lui parler : « Le colonel !.. que peut-il me vouloir ?.. Ma foi qu'importe ? » Et il se présente chez monsieur Blainville. Celui-ci, auquel le courage du jeune dragon avait fait plaisir, s'était procuré des renseignemens sur son compte. Il avait appris que Charles était d'une famille aisée, qu'il avait reçu une éducation convenable, et que quelques tours d'espiègle l'avaient décidé à s'engager plutôt que de subir une correction paternelle. Toutes ces considérations l'avaient favorablement disposé en faveur du jeune fou, et il se proposait de lui donner quelqu'avancement dans la carrière des armes. Charles entre d'un air assuré : « Savez-vous, monsieur, lui dit le colonel, que vous avez une fort mauvaise tête?.. Comment, morbleu! couper ainsi la figure au plus ancien dragon de mon régiment!.. — Ma foi, mon colonel, j'ai été insulté ; il fallait manquer à mon devoir, ou passer pour un lâche : l'alternative était très-critique ; mais il fallait se décider promptement, et j'ai préféré le premier parti. — Fort bien, Monsieur ; mais je connais votre conduite : Que vous avait fait ce bon monsieur Bridon, pour le supplanter ? était-ce pour le récompenser de vous avoir tiré de la Force ?.... Que vous avait fait ce pauvre Girod, pour le forcer, le pistolet sur la gorge, à se laisser écorcher par des carabins ? — Mon colonel, la femme du premier m'a provoqué, et comme je ne possède pas autant de sagesse que le vertueux Joseph, j'ai succombé avec la femme du nouveau Putiphar ; le second voulait m'enlever ma maîtresse, je n'ai fait que défendre mes droits. »

Monsieur Blainville resta alors quelques secondes sans rien ajouter, et Charles, impatient de connaître son sort, porte respectueusement la main à son casque : « Mon colonel, retournerai-je aux arrêts? — Non, Monsieur : le régiment part dans quinze jours, et je dois passer ce tems à ma terre. Je vous fais mon ordonnance ; préparez-vous à me suivre, et soyez désormais plus circonspect. »

Notre jeune héros, enchanté de l'heureuse issue de cette affaire, se retira pour vaquer aux préparatifs d'un voyage qui ne lui promettait que des plaisirs, et le même jour il arriva au château du colonel, situé à une demi-lieue de Fontainebleau.

CHAPITRE XII.

Monsieur Blainville était un brave militaire, couvert de cicatrices, qui avait fait toutes les campagnes de la révolution, et qui ne devait qu'à son courage et à ses qualités personnelles le rang honorable où il était élevé. A l'âge de quarante ans, il avait épousé une femme jeune, riche et jolie, ce qui n'est pas extraordinaire, mais celle-ci chérissait son mari, ce qui l'est davantage. Le père de madame Blainville était ami du ministre de la guerre ; il venait d'obtenir, pour son gendre, le commandement d'une brigade, ce qui n'était qu'une récompense due à ses services. Sa jeune épouse vint au-devant de lui jusqu'à Fontainebleau, et la nomination à la main, elle salua le colonel du titre de *mon général*. Monsieur de Blainville, étonné, ne sait s'il doit en croire ses yeux ; ce n'est pas qu'il fût très-ambitieux ; mais quel est l'homme qui, pour la première fois, se soit entendu, de sang froid, nommer *mon général !*.... Je le demande aux nombreux héros dont la France s'honore. Celui-ci ne put donc se défendre d'une émotion si naturelle, il essuya, en se retournant, une larme qui venait de mouiller sa moustache, et reçut les embrassemens et les félicitations de toute sa famille.

Pendant que tout le monde faisait de grands frais d'esprit, pour prouver au général que le gouvernement n'avait fait que rendre justice à son mérite, Charles avait tout le tems d'examiner madame Blainville. C'était une petite brune d'une figure charmante : de grands yeux noirs, des joues où les roses semblaient se mêler aux lys, une bouche un peu grande, mais ornée de deux rangs de perles que l'on apercevait de tems en tems, sous des lèvres qui respiraient la volupté : « Elisa n'est pas plus jolie, se disait-il, et il la regardait, et son cœur battait, et son visage était en feu..... C'est qu'il avait l'imagination vive, monsieur Charles !

Après les premiers transports, madame Blainville regarda le jeune militaire ; elle était surprise de voir tant de jeunesse alliée à un air mâle, que relevait encore l'habit militaire; elle admirait ses cheveux blonds, ses beaux yeux, son air enjoué, et le rouge de la pudeur lui couvrit le visage. C'est que Charles avait dix-sept ans, et que monsieur Blainville en avait plus de quarante ; c'est qu'elle chérissait son mari comme on chérit un père, et qu'elle avait pris ce sentiment pour de l'amour. Peut-être en ce moment ce dernier préparait-il quelque tour de son métier, et c'est-ce que la suite nous apprendra.

Au milieu de ces divers sentimens on arriva au château : « Mon ami, dit alors madame Blainville au général, quel est ce jeune militaire ? — C'est mon ordonnance. — Oubliez-vous, dit le beau-père, qu'un général a des aides-de-camp ? — Et un secrétaire, reprit madame Blainville, en regardant involontairement l'amant d'Elisa. — C'est juste, répondit le général : j'aurai des aides-de-camps ; quant à mon secrétaire, le voilà, continua-t-il en montrant Charles. » Celui-ci remercia son protecteur, et on ne songea plus qu'à bien employer le tems qu'on devait passer à l'une des plus belles terres des environs de Paris. Bals, banquets, fêtes champêtres, parties de chasse, rien ne manquait pour rendre ce séjour délicieux Au milieu du fracas, du luxe et des plaisirs bruyans, madame Blainville avait sans cesse les yeux fixés sur le jeune secrétaire ; le plus léger trait d'esprit, la moindre saillie de Charles, rien ne lui échappait, et elle se livrait au sentiment qui l'entraînait, avec d'autant plus de sécurité, qu'elle croyait être forte de son amour pour monsieur Blainville. De son côté,

Charles commença peu à peu à oublier Elisa, et il s'en félicitait; car, enfin, puisqu'elle appartenait à un autre, il fallait bien prendre son parti ; mais ce n'était pas le tourbillon du grand monde qui provoquait cet oubli, au contraire, notre jeune fou recherchait maintenant la solitude, et l'image de madame Blainville l'y suivait toujours. D'où venait donc cela? Quoi, lecteur, vous ne devinez pas ? — Ma foi non. — Patience, nous y voilà.

Les parties de plaisir se succédaient chaque jour ; la chasse surtout : *C'est le délassement du héros.* Monsieur Blainville l'aimait à la folie, et il se fatiguait volontiers avec ce délassement, auquel tous les commençaux du château prenaient part, même la jeune épouse du général, qu'un costume d'amazone embellissait encore. Mais jusqu'alors, on n'avait chassé que le lièvre et le chevreuil. Depuis trois jours, on préparait tout pour chasser le cerf; les seigneurs voisins étaient invités à prendre part à la fête; une tente était dressée au rendez-vous, où plus de cent piqueurs et des meutes nombreuses devaient se rendre. Enfin ce jour paraît, et à peine le soleil a-t-il brillé sur l'horison que le bruit des cors fait retentir l'écho de la forêt. A ce signal, Charles s'éveille; il cherche, en se frottant les yeux, son uniforme, qu'il n'avait pas cessé de porter, malgré son nouvel emploi. Quelle fut sa surprise! un habit de chasse des plus élégans l'avait remplacé; il doute s'il est bien éveillé; mais, dans ce moment, les fanfares du cor se firent entendre de nouveau, et ne lui permirent plus de douter. Il s'habille à la hâte, en se proposant de remercier le général qu'il croyait fermement être l'escamoteur de l'uniforme.

Cependant, le signal du départ est donné, on se met en marche avec autant d'ordre que s'il se fût agi de la conquête d'un royaume; c'est que monsieur Blainville était militaire en tout, et qu'il voulait de la discipline, même pour faire la guerre aux cerfs. Le général et ses amis formaient le front; venaient ensuite les amazones; Charles et quelques jeunes officiers marchaient en serre-file, et les piqueurs formaient l'arrière-garde.

Vous riez, malin lecteur, vous pensez qu'une armée ainsi composée serait peu capable de discipline, et qu'une douce guerre remplacerait souvent les sanglans combats de Bellone? Eh bien! Monsieur, vous vous trompez : les femmes sont capables de tout, elles ont un cœur de fer quand elles le veulent ; heureusement elles n'ont pas souvent cette volonté là, et pour mon compte je leur en sais bon gré. — «Eh! monsieur l'auteur. — Pardon, charmante lectrice; mais j'ai aussi la manie des épigrammes, et un pauvre auteur doit tirer parti de tout.

Bientôt le cerf est lancé, et chacun se disperse ; le jeune Dumont ne quitte pas son patron qui s'escrime de son mieux après le pauvre animal, et qui, à force de le poursuivre, finit par en perdre la trace. Il s'arrête hors d'haleine, et c'est alors seulement qu'il aperçoit son secrétaire. « Tu dieu ! Monsieur, s'écrie-t-il, savez-vous bien que vous avez-là, l'habit le plus élégant de toute la compagnie ? — Mon général, vous me voyez confus de vos bontés. — De mes bontés !... je vous parle de votre habit, Monsieur. — Et moi, mon général, je vous remercie de me l'avoir donné. — Ah ça ! de par tous les diables ! êtes-vous fou ? — Non, mon général, je suis seulement reconnaissant... — Voyez donc s'il s'expliquera !.. — Eh bien, mon général, voilà le fait : j'ai trouvé ce matin cet habit à la place de mon uniforme ; j'ai pensé qu'on l'avait mis là par votre ordre, et je vous en remercie. — En ce cas, monsieur, vous avez tort, car je ne me suis point du tout mêlé de votre habit. »

D'où vient-il donc ? se disait

Charles, étonné ; d'où venait-il donc ? me demande encore le lecteur. — Ma foi ! mon cher, je crois qu'il venait..... Mais chut ! ce ne sont encore que des conjectures, il ne faut rien hasarder.

Notre héros s'enfonçait dans ses réflexions, lorsqu'on aperçut le cerf que plusieurs limiers suivaient de près, Charles pique des deux, son cheval l'emporte, le cerf passe entre lui et le général ; celui-ci fait feu, le plomb siffle, manque son but, et va frapper l'épaule du malheureux secrétaire qui tombe sans connaissance. Monsieur Blainville effrayé, vole à son secours, déchire avec ses dents l'élégant habit et bande la blessure du jeune homme qui peu-à-peu finit par reprendre ses sens. Des paysans qui travaillaient près de là formèrent un bran-

card avec des branches d'arbres, placèrent le blessé dessus, et aidés de monsieur Blainville, ils se dirigèrent vers le rendez-vous de chasse. Ils en étaient encore à trente pas, lorsque l'épouse du général les aperçut ; à la vue du brancard, son cœur bat avec violence ; mais bientôt elle reconnait l'habit.....
« C'est lui ! s'écrie-t-elle involontairement. » En vain elle voudrait cacher son émotion, son visage pâlit, ses genoux fléchissent, et elle tombe évanouie. Qui donc fut cause de cela ? était-ce simplement un sentiment d'humanité ?... ou bien la suite du plaisir que l'innocente prenait à admirer les beaux yeux de Charles ?.....

Personne ne chercha à se rendre compte de cela ; les dames même ne s'occupèrent que du blessé, qui, à la vérité, en valait bien la peine.

Cependant, les voitures que le général avait envoyé chercher au château arrivèrent, la partie cessa ; madame Blainville fut placée près de Charles, et on retourna au château beaucoup plus tristement qu'on en était parti. Le général donna aussitôt des ordres pour qu'on allât chercher un chirurgien, et ne voulut pas quitter la chambre du blessé que lorsqu'on lui eut assuré que la blessure était légère.

Cependant monsieur Blainville ne devait pas faire au château, un aussi long séjour qu'il l'avait espéré. Il y avait à peine quelques heures qu'un Esculape de village prodiguait à Charles des soins dont il calculait d'avance le produit, qu'un courier arriva à toutes brides ; il était porteur d'ordres pour le général, par lesquels le chef de l'armée lui enjoignait de prendre sur-le-champ le commandement de sa brigade. Ces ordres étaient précis; les Russes alliés aux Autrichiens s'étaient emparés d'une grande partie de l'Italie; il ne s'agissait de rien moins que de faire une seconde fois la conquête de ce jardin de l'Europe, et le succès dépendait d'une célérité qui paraissait impossible : « Mais, disait le chef, le courage des Français ne connaît point d'obstacle ! » Celui-là les connaissait bien !....

Le général annonça à sa jeune épouse qu'il partirait la nuit même, et cette nouvelle acheva de porter le trouble dans l'âme de madame Blainville, car la scène du matin ne lui permettait plus de se faire illusion sur les sentimens qu'avait fait naître dans son cœur le jeune secrétaire. Qu'allait-elle devenir sans son mari ? sur quoi s'appuierait-elle pour résister désormais au penchant qui menaçait de l'entraîner ? Et ce Charles, celui-là même dont les traits tendaient à la vertu des pièges qui paraissaient inévitables, restait au château ; et monsieur Blainville le recommandait aux soins de son épouse !.... Il semblait que le hasard fut d'accord avec l'amour. « Général ! s'écrie la jeune femme, je vous suivrai ! — Impossible, ma bonne amie, mes ordres sont précis, il n'y faut pas penser, » A ces mots quelques larmes vinrent mouiller les plus jolies joues qui soient sorties des mains de l'amour ; et le bon mari les essuyait par des baisers..... Oh ! s'il avait connu la véritable source de ces pleurs!........ ô femmes! quand pénétrerons-nous dans les replis de vos cœurs!

Le reste du jour fut employé en préparatifs, et la soirée en adieux. Monsieur Blainville voulut, avant de partir, voir encore son secrétaire. « Mon général, lui dit celui-ci, tout mon regret est de ne pouvoir faire cette campagne sous vos ordres. — Vous me retrouverez sur le champ de bataille. — Mais l'ennemi sera battu. — Tant mieux, morbleu! — Général, dans quinze jours, je suis sur vos pas. — Au revoir, donc. »

A ces mots; il s'arrache des bras de sa famille, monte en voiture et prend la route de l'Italie, où nous le retrouverons bientôt.

FIN DU PREMIER VOLUME.

www.ingramcontent.com/pod-product-compliance
Lightning Source LLC
Chambersburg PA
CBHW071936160426
43198CB00011B/1418